AF286653

edition ♦ karo, HORIZONTE 21

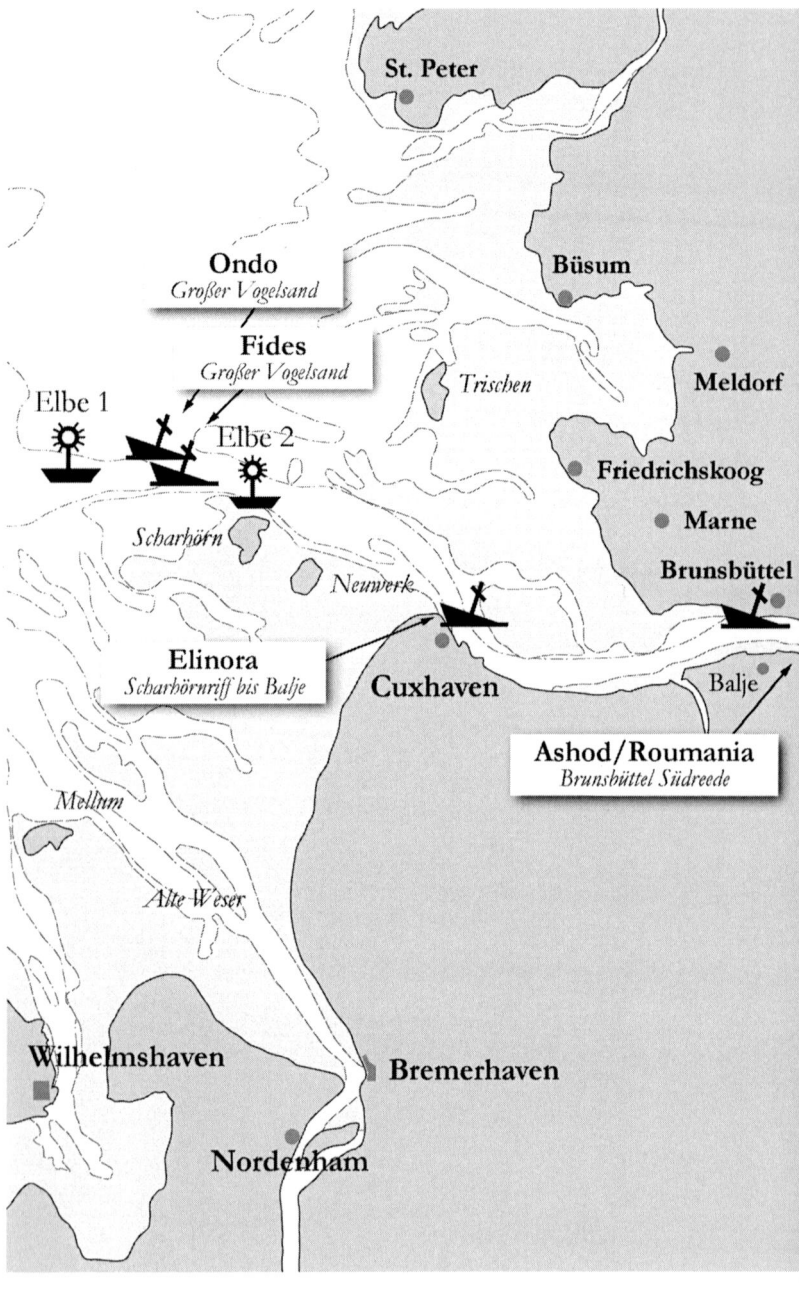

Strandungen auf der Elbe

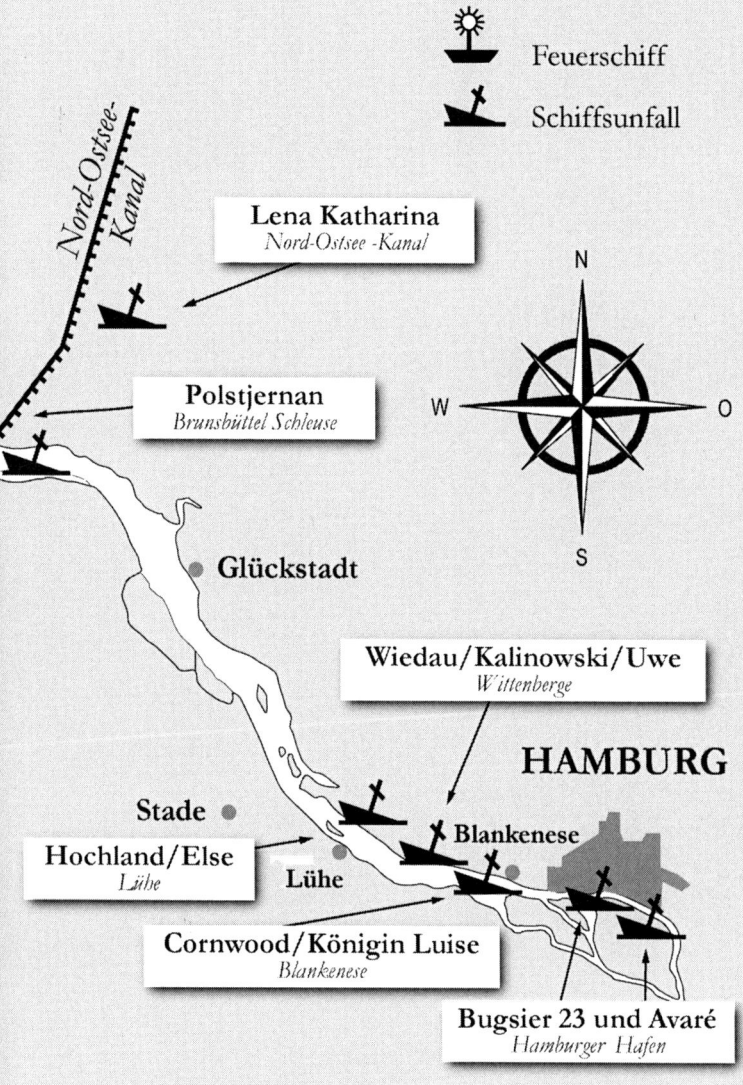

Feuerschiff

Schiffsunfall

Lena Katharina
Nord-Ostsee -Kanal

Polstjernan
Brunsbüttel Schleuse

Nord-Ostsee-Kanal

N
W   O
S

Glückstadt

Wiedau/Kalinowski/Uwe
Wittenberge

HAMBURG

Stade

Blankenese

Hochland/Else
Lühe

Lühe

Cornwood/Königin Luise
Blankenese

Bugsier 23 und Avaré
Hamburger Hafen

Jürgen Rath

DAS WRACK
AM FALKENSTEINER UFER

Von Hamburg bis Cuxhaven:
Schiffsunfälle auf der Elbe

In den einzelnen Geschichten sind die Schiffsunfälle so dargestellt, wie sie sich tatsächlich ereignet haben. Die Personen jedoch sind reine Fiktion. Wenn allerdings die Namen der Akteure in den Seeamtsverhandlungen veröffentlicht wurden, habe ich die tatsächlichen Namen verwendet. Die kursiv gesetzten Texte in der wörtlichen Rede sind Originalzitate des Seeamts.

Literaturverlag Josefine Rosalski, Berlin 2019

INHALT

Im
Hamburger Hafen

Im Hamburger Hafen

Auf dem Meer waren die Seeleute auf ihren Schiffen relativ sicher, solange sie nicht in einen Orkan gerieten oder unter Monsterwellen begraben wurden. Sobald sie sich allerdings dem Land näherten, war höchste Aufmerksamkeit gefordert. In der Elbmündung drohten Sandbänke, die ihre Lage ständig veränderten; bei Brunsbüttel brachten Querläufer die Schiffe im Hauptfahrwasser in Bedrängnis und vor Altona war das Verkehrsaufkommen manchmal so hoch, dass selbst den erfahrenen Lotsen der Schweiß auf die Stirn trat.

Wie angenehm musste einem Kapitän dagegen der Aufenthalt im Hafen vorkommen, wo die weitaus meisten Schiffe fest am Kai lagen und keine Bedrohung darstellten. Doch da sollten sie sich nicht täuschen lassen, selbst hier war man nicht vor Überraschungen sicher.

So kam es zum Beispiel im Januar 1925 im Hamburger Hafen zu einer Kollision zwischen dem Dampfer *Carsten Russ* und dem Schlepper *Louise*, weil die Einfahrt in den Baakenhafen durch mehrere nebeneinander liegende Schiffe nahezu blockiert war, der Lotse auf der *Carsten Russ* aber dennoch die Durchfahrt erzwingen wollte.

Ein anderer Unfall ereignete sich in der Nacht vom 7. auf den 8. April 1927, als sich der mehr als 3.600 Bruttoregistertonnen große rumänische Dampfer *Siretul* im Sturm vom Kai des Waltershofer Hafens losriss, auf die gegenüberliegende Seite trieb und den dort liegenden Motorsegler *Ida* (42 Bruttoregistertonnen) versenkte.

Immerhin, und das zur Beruhigung, kam bei diesen beiden Unfällen niemand zu Tode. Doch das war nicht immer so.

Im Hafen gekentert

16. Juni 1922, 8 Uhr morgens
Der Kesselschmied Julius Falk hatte seinen Sohn mit zur Arbeit genommen. Der Junge sollte ja was lernen. Fürs Leben und so. Jetzt standen sie am Kai der Vulkanwerft auf Steinwerder und blickten zu Dock III hinüber, dem Schwimmdock, in dem der brasilianische Schnelldampfer *Avaré* lag.

»Der ist aber groß«, staunte Fritz, der Junge, »wie viel Passagiere der wohl mitnimmt?«

»Weiß nicht. Hab sie nicht gezählt.« Der Vater wollte nicht über Fahrgäste reden, er wollte, dass sich sein Sohn für die technische Leistung der Werft begeisterte – und über den Anteil seines Vaters natürlich auch. Er holte tief Luft, dann sagte er mit Stolz in der Stimme: »Dieses Schiff habe ich mitgebaut, mein Sohn. Ich habe die Dampfkessel geschmiedet.«

»Warst du denn in Brasilien, Vater?«

»Quatsch! Das ist doch die frühere *Sierra Salvada*, die haben wir in Bremen für den Norddeutschen Lloyd gebaut. Doch als der Kaiser seinen Krieg verloren hatte, wurde die *Sierra* den Brasilianern zugesprochen. Als Kriegsbeute sozusagen.«

»Und warum liegt sie jetzt hier im Dock und nicht in Brasilien?«

»Vielleicht haben die dort keine so großen Docks. Und außerdem haben wir mehr Erfahrung mit diesem Schiff. Weil wir es gebaut haben. Weil wir uns auf ihm auskennen.«

Fritz trat näher an die Kaikante, er wollte möglichst viel sehen. Auf der *Avaré* war eine kaum überschaubare Zahl von Werftarbeitern beschäftigt, sie wuselten wie Ameisen an Deck herum. Rostmaschinen ratterten, Schiffszimmerleute trugen Holzplanken, auf der Back stand eine Pumpe, die Pressluft ins Schiffsinnere leitet, wo die Niethämmer knatterten. Gerade wurde der riesige Kolben für den Niederdruckzylinder in den Maschinenraum gesenkt, darüber standen Maler auf Stellagen und strichen den Schornstein.

Ein Mann in einem dunklen Mantel mit Goldknöpfen, der überhaupt nicht aussah wie ein Arbeiter, schob sich an den Männern vorbei bis zur Back. Dort setzte er seine Pfeife an den Mund und gab ein Signal: lang – kurz – kurz – lang. Das Signal wurde von den Schleppern erwidert, die im Hafenbecken in Bereitschaft lagen. Dichter Qualm drang aus deren Schornstein, dann schoben sich zwei der Kraftpakete vorsichtig an das Dock heran. Die Matrosen der *Avaré* ließen Taue herunter, die Schlepperbesatzungen hängten sie lose über den Haken.

Fritz hüpfte aufgeregt von einem Bein auf das andere. »War das der Kapitän, Vater.«

»Nein, nicht der Kapitän. Dem Mantel nach zu urteilen, müsste es der Lotse sein. Die ziehen sich alle gleich an.«

Der Lotse winkte einem Mann zu, der oben auf den Seitentanks des Docks stand. »Wir sind bereit«, rief er, »es kann losgehen.«

Kesselschmied Falk zeigte auf den Mann. »Das ist der Dockmeister Grotens. Ein guter Mann. An den musst du dich halten, wenn du hier eine Lehrstelle bekommen willst.«

Der Meister gab seinen Arbeitern ein Zeichen. Sie drehten auf beiden Seiten des Schwimmdocks an großen Ventilrädern. Unten war jetzt das Rauschen von Wasser und oben das Pfeifen entweichender Luft zu hören.

»Was passiert jetzt, Vater?«

»Die Tanks werden geflutet, dadurch senkt sich das Dock. Wenn der Boden weit genug unter Wasser ist, schwimmt die *Avaré* frei und kann herausgezogen werden.«

Es dauerte, Fritz schien sich zu langweilen, der Vater musste ihn beschäftigen. Er hob zu einer längeren Erklärung an. »Schau dir das genau an, Junge. Die *Avaré* liegt mit dem Kiel, dem stärksten Teil des Schiffes, auf diesen großen Holzklötzen in der Mitte des Docks. Die müssen die ganze Last des Schiffes tragen. Und damit es nicht umfällt, wird es durch die Kimpallen an beiden Seiten gestützt. Man muss ein Schiff nur genau in der Mitte hineinkriegen, das ist das ganze Geheimnis des Eindockens …«

Fritz guckte wieder interessiert.

»… und wenn ein Schiff ausgedockt werden soll, senkt man das Dock einfach ab. Wenn der Dampfer höher als die Kimpallen gekommen ist, also freischwimmt, dann können es die Schlepper herausziehen«, er drehte sich um und wies mit dem Arm auf das Hafenbecken neben der Werft, »und nach dort drüben an den Ausrüstungskai verholen …«

Der Kesselschmied konnte nicht weitersprechen, denn sein Sohn zerrte ihn ungeduldig am Ärmel.

»Vater, Vater, guck doch! Das Schiff fällt um.«

Julius Falk fuhr herum. Er sah, wie sich die *Avaré* langsam nach Backbord überlegte und mit Schlagseite im Dock liegen blieb. Ein vielstimmiger Schrei hallte über das Werksgelände, es rumpelte im Schiffsinneren, die Werftarbeiter an Deck stemmten sich gegen den Dampfkompressor, der zur Seite gerutscht war, die Maler auf ihren Stellagen schwankten in der Luft.

»Ventile zudrehen. Schnell! Ventile zudrehen«, brüllte der Dockmeister. Die Arbeiter kurbelten an den Rädern, das Rauschen des Wassers und das Pfeifen der Luft wurde leiser, dann verebbte es.

Julius Falk stieß die Luft aus, die er instinktiv angehalten hatte. »Hui, da haben sie aber Glück gehabt. Wenn der Dampfer sich weiter auf die Seite gelegt hätte, wäre er mit dem gesamten Dock gekentert. Doch die Kimpallen, da an der Seite, stützen es noch. Glücklicherweise.«

Es war still an Bord geworden, auch die Niethämmer im Schiffsinneren lärmten nicht mehr. Die Arbeiter auf der *Avaré* blickten zweifelnd zwischen dem Lotsen und dem Dockmeister hin und her.

»Was ist los?«, fragte der Lotse auf der Back, »wir wollen ausdocken, die Schlepper warten schon.«

»Nein«, bestimmte Meister Grotens, »wenn das Schiff von den Kimpallen freikommt, fällt es noch im Dock um.«

»Es fällt nicht um. Diese Schlagseite ist nicht gefährlich und wir wollen doch nur zum Ausrüstungskai dort drüben.«

»Nicht mit mir!«, schimpfte der Dockmeister los, der offensichtlich die Geduld verlor. »Mit dieser Schlagseite reißt uns der Dampfer das Pumpenhaus vom Dock.« Er verschränkte demonstrativ die Arme vor der Brust, seine Stimme war jetzt kalt und klar. »Erst richten Sie das Schiff wieder auf. Vorher passiert hier überhaupt nichts.«

Fritz schüttelte verständnislos den Kopf. »Ich verstehe das nicht, Vater. Wie kann ein Schiff einfach zur Seite fallen?«

Der Kesselschmied druckste herum, die Frage schien ihm unangenehm zu sein. »Weißt du, die Reedereien wollen Passagierschiffe haben, bei denen der Schwerpunkt recht weit oben liegt. Dadurch sind die Bewegungen im Seegang weicher, was den Fahrgästen gut gefällt. Aber hier bei der *Avaré* ist uns der Schwerpunkt wohl etwas zu weit nach oben gerutscht. Wir haben ihn aber wieder weiter runtergekriegt, als wir 300 Tonnen Eisen unten ins Schiff gepackt haben.«

»Dann dürfte das Schiff doch auch jetzt nicht umfallen.«

»Nun, so einfach ist das nicht. Die Brasilianer haben den Eisenballast wieder rausgeholt und dafür Wassertanks im Doppelboden eingebaut. Das hat den gleichen Effekt.«

»Aber es hat Schlagseite, Vater!«

»Wie ich gehört habe, sind hier im Dock die Wassertanks geleert worden, um sie zu reinigen. Mit Elbwasser konnte man sie bisher nicht auffüllen, weil das Schiff nicht im Wasser lag.«

Inzwischen war der Lotse wieder vorne auf der Back. »Macht die Leinen los«, rief er zu den Schleppern hinunter, »und legt euch dort drüben auf Warteposition. Wir müssen erst die Tanks fluten. Das dürfte eine gute Stunde dauern.«

Die Arbeit auf der *Avaré* ruhte jetzt. Die Arbeiter saßen auf den Luken und warteten, nur der Lotse stampfte unruhig nach vorne und wieder nach achtern. Er beugte sich über die Schiffseite, prüfte den Tiefgang und die Schlagseite, es schien ihm viel zu lange dauern, denn das Schiff richtete sich nur langsam auf.

Als der Betriebsingenieur der *Avaré* an Deck kam, herrschte ihn der Lotse an. »Wie lange noch? Ich will hier nicht ewig festsitzen. Ich bin seit zwei Uhr heute Nacht im Dienst und habe noch nichts gegessen.«

Der Ingenieur blickte ihn kalt an. »Essen können Sie auch bei uns. Und bis die Tanks voll sind, dauert es eben.«

Um zehn Uhr vormittags hatte sich das Schiff fast vollständig aufgerichtet. Der Zimmermann ging zu den Peilrohren und senkte das Bleigewicht hinein. Als er es wieder hochzog, war nur der untere Teil des Seils nass. »18 Fuß«, sagte er, »also noch lange nicht voll.«

»Das reicht«, bestimmte der Lotse.

»Zu wenig«, bemerkte der Betriebsingenieur, »die Tanks müssen voll sein.«

»Mein Gott, wir wollen doch nur um die Ecke und nicht über den Atlantik fahren.«

»Wenn Sie das verantworten können …«

Die Schlepper wurden gerufen, die Leinen wieder heruntergelassen. Oben auf dem Schwimmdock wies Meister Grotens seine Leute an, die Ventile zu öffnen.

Als die *Avaré* von den Kimmpallen freischwamm, zogen die Schleppschiffe vorsichtig an. Wie ein weißer Schwan bewegte sich das Schiff völlig geräuschlos aus dem gefluteten Dock heraus, allerdings nicht wie ein stolzer Schwan, sondern wie ein verwundeter, der sich nicht gerade halten konnte, der von einer Seite zur anderen schwankte.

Das schien auch den beiden Schlepperkapitänen bedenklich zu sein, sie hörten auf zu ziehen. Der Führer des Schleppdampfers *Johann Petersen* trat aus dem Ruderhaus und nahm die Flüstertüte an den Mund. »Das kann nichts werden«, rief er, »das

Schiff ist zu rank. Sie sollten die Tanks fluten!«

Der Lotse winkte entnervt ab. Der Führer zuckte mit den Schultern, dann zogen die Schleppdampfer wieder an.

Kesselschmied Falk fand, dass das Ausdocken nun beendet war und dass sein Sohn genug gesehen hatte. Er drehte sich um und wollte weggehen, doch Fritz hielt ihn an der Jacke fest. »Bleib hier, Vater. Ich will erst sehen, wo sie die *Avaré* hinbringen.«

»Gut, einen Augenblick noch. Aber dann muss ich wieder zur Arbeit, sonst wird mir zu viel vom Lohn abgezogen.«

Inzwischen hatte die *Avaré* das Dock verlassen. Die beiden anderen Schlepper, die bisher nicht in Aktion getreten waren, nahmen die Heckleinen auf den Haken, denn das Schiff sollte im freien Wasser gewendet werden und das ging bei einem so großen Schiff nur mit vier Schleppern. Bei dieser Aktion legte sich die *Avaré* wieder ein Stück nach Backbord über und behielt diese Seitenlage bei.

Kesselschmied Falk starrte hinüber, er biss sich auf die Lippen. »Das sieht nicht gut aus«, murmelte er, »das sieht gar nicht gut aus.«

Allerdings, so schlecht sah es gar nicht aus, denn inzwischen hatte sich der Schleppzug mehr als eine Schiffslänge zum Roßhafen hinbewegt. Doch plötzlich, ohne erkennbaren Grund, fiel die *Avaré* soweit nach Backbord über, dass das Wasser fast bis zum Promenadendeck reichte und in die unteren Bullaugen lief.

Die an Deck beschäftigten Werftarbeiter und die brasilianischen Matrosen fielen oder sprangen ins Wasser, die Ladebäume gingen über Bord, der schwere Dampfkompressor platschte in die Elbe und ging zischend und blubbernd unter.

Fritz klammerte sich an den Arm seines Vaters. »Das Schiff sinkt! Das Schiff sinkt!«

Die *Avaré* sank jedoch nicht, noch nicht. Sie richtete sich wieder ein Stück auf, verharrte einen Augenblick in dieser

Position – und kenterte endgültig. Die Masten bohrten sich in den Grund, es krachte und knallte, Stahlseile peitschten durch die Luft, Rettungsboote rissen aus den Verankerungen und fielen zusammen mit anderen Schiffsteilen auf die Leute, die sich auf dem senkrecht stehenden Deck nicht mehr hatten halten können und ins Wasser gestürzt waren.

Kesselschmied Falk verlor keine Zeit. Er griff sich seinen Jungen, rannte am Kai entlang, hastete die Treppe hinunter, sprang in das Arbeitsboot, das dort mit allerlei Gerät lag.

»Du ruderst«, bestimmte er, »ich ziehe die Leute raus.«

Fritz legte sich ins Zeug. Er konnte rudern, jeder Hamburger Junge konnte rudern, es war ohnehin nicht weit.

Der Vater bestimmte den Kurs, dann waren sie bei dem ersten Verunglückten, der recht unbeholfene Schwimmbewegungen machte. Falk griff nach dem Mann und zog ihn mit einem Ruck aus dem Wasser. Dann noch einen zweiten und einen dritten, damit war das Boot voll.

»Rudere nach dort drüben zum Ponton, Fritz. Da setzen wir die Leute ab und fahren noch mal raus.«

»Dort ist noch einer, Vater!«

Der Kesselschmied blickte nur kurz hinüber. Nicht weit von ihnen trieb ein Mann mit dem Kopf nach unten, um ihn herum hatte sich das Wasser rot gefärbt.

»Der ist tot«, sagte er mit dunkler Stimme, »der braucht uns nicht mehr. Wir müssen uns um die Lebenden kümmern.«

Sie brauchten nicht noch einmal loszufahren, denn inzwischen hatten die Schlepper, die Barkassen der Werft und die Boote, der sich in der Nähe befindenden Schiffe, die Verunglückten aufgefischt und an Land abgesetzt. Kurz darauf sprangen Arbeiter der *Vulcanwerke* mit autogenen Schneidegeräten und Gasflaschen in die Boote. Sie brannten Löcher in die Außenhaut der *Avaré* und befreiten die im Schiffsrumpf Eingeschlossenen, wodurch noch eine große Zahl von Menschen gerettet werden konnte.

»*Es haben aber bei dem Unfall*«, stellte das Seeamt Hamburg einen Monat später fest, »*39 Leute ihren Tod gefunden, welche sich zum Teil noch als Leichen im Schiff oder unter dem Schiff befinden müssen.*«

Bei der Verhandlung über das Kentern des Dampfers *Avaré*, bei dem 26 brasilianische Seeleute und 13 Arbeiter der Werft zu Tode kamen, gelangte das Seeamt zur Überzeugung, dass der Hamburger Hafenlotse das Ausdocken eigenmächtig angeordnet hatte, obwohl er weder dazu berechtigt war noch abgewartet hatte, bis alle Ballasttanks vollständig gefüllt waren. Der brasilianischen Schiffsleitung hielt das Seeamt vor, dass weder Kapitän Frado noch seine Offiziere dagegen einschritten, dass das Schiff vorzeitig ausgedockt wurde. Bezüglich des merkwürdigen Umstands, dass sich die *Avaré* erst zur Seite gelegt hatte, sich wieder aufrichtete, um dann endgültig zu kentern, vermuteten die Fachleute, dass dies auf das Verhalten der freien Wasseroberflächen zurückzuführen war, die in den Tanks von einer Seite zur anderen schwappten. Dass der Lotse dies nicht berücksichtigt hat, erscheint allerdings sonderbar, denn in den Seefahrtschulen war die Veränderung der Schiffstabilität durch freie Oberflächen immer ein Teil des Navigationsunterrichts.[1/2] Die *Avaré*, ex *Sierra Salvada*, wurde zwei Monate nach dem Kentern wiederaufgerichtet, repariert und ging unter dem Namen *Peer Gynt* für die Reederei Viktor Schuppe von Stettin aus auf Norwegen- und Mittelmeer-Kreuzfahrt. Im Dezember 1926 verkaufte Schuppe das Schiff nach Italien, wo es unter dem Namen *Neptunia* fuhr. Im September 1927 setzte es die HAPAG als *Oceana* in der Mittelmeer- und Norwegenfahrt ein. 1939 lag die *Oceana* als Wohnschiff in Gdingen, später in Flensburg, wo sie von den Engländern beschlagnahmt, aber 1947 an die Russen abgegeben wurde. Ab dem Jahr 1948 diente die jetzt in *Sibir* umbenannte ehemalige *Sierra Salvada* als Depotschiff an der russischen Pazifikküste. Sie wurde 1963 abgewrackt.

Bugsier 23

Hafen Hamburg, 23. Dezember 1977, nachmittags

In der Kombüse des Hafen-Schleppschiffs *Bugsier 23* ließ der Matrose Horst Jacobs den Inhalt der Flaschen in den Topf laufen. »Zwei Flaschen Rotwein hat meine Mutter immer gesagt, eine Handvoll Zucker, eine halbe Flasche Rum, Zimt und Nelken. So muss man Glühwein machen.«

Der Maschinist blickte abweisend. »Den Rum kannst du weglassen. Wir sind nämlich auf Wache, wenn du dich erinnerst.«

»Wir sind nicht auf Wache«, wagte Dieter Pape, der Leichtmatrose, zu bemerken, »wir liegen am Kai und sind in Bereitschaft.«

»Aber wenn ein Auftrag reinkommt, sind wir automatisch auf Wache.«

Horst stellte den Topf auf die heiße Herdplatte. »Heute kommt kein Auftrag mehr rein, ich hab vorhin in den Schiffsmeldedienst Cuxhaven reingehört. Es ist nicht mehr viel los. Ein paar Kümos kommen die Elbe hoch, aber die stören uns nicht, die nehmen nie einen Schlepper. Und dann noch zwei große Frachter, doch bis die hier sind, ist Feierabend für uns.«

Der Leichtmatrose blickte durch das Kombüsenbullauge nach draußen. »Blöd, dass es schon dunkel ist. Dabei ist es doch erst halb fünf.«

Der Matrose stellte eine Kerze auf den Tisch und schenkte drei Muggen voll. »Frohe Weihnachten, Leute!«

»Noch ist nicht Weihnachten«, maulte der Maschinist.

Dieter Pape nahm einen kräftigen Schluck und fuhr sich mit der Zunge genüsslich über die Lippen. »Man darf wohl schon ein bisschen vorfeiern. Morgen haben wir nämlich frei.«

Der Glühwein schmeckte ausgezeichnet, Horst wollte nachschenken, doch der Maschinist hielt seine Hand über die Tasse.

»Mir nichts mehr! Ich muss gleich runter in den Maschinenraum.«

»Du willst doch jetzt nicht die Party abbrechen?«

»Doch. Ich hab unten Probleme mit einem Ventil. Da tropft Wasser raus, da muss eine neue Packung an den Flansch.«

»Spielverderber! Andererseits: Wenn du weniger trinkst, haben wir mehr.«

»Ich nehm noch einen«, sagte der Leichtmatrose.

Der Glühweinpegel senkte sich rapide im Topf, die beiden Seeleute schwankten schon etwas.

»Komisch«, sagte Dieter, »dass die Maschinisten immer so ungemütlich sind. Auf den anderen Schleppern war es genauso.«

»Vielleicht hat das damit zu tun, dass sie so selten an die frische Luft kommen.«

»Oder sie sind von Natur aus ungemütlich.«

Horst Jacobs blickte durch das kleine Kombüsenfenster auf die Elbe. »Was machst du morgen?«

»Och, nichts Aufregendes. Ich kaufe mit meinem Vater einen Weihnachtsbaum, der wartet immer bis zur letzten Minute, weil sie dann billiger sind. Danach schmücken wir ihn. Dann gibt es Geschenke und hinterher Würstchen mit Kartoffelsalat. – Und du?«

»Ich werd wohl fernsehen. Und ne Dose Sauerkraut aufmachen. Und Bockwurst dazu.«

Der Matrose wollte noch mal nachschenken, doch Dieter drehte die Tasse um. »Mir nichts mehr. Wenn ich noch einen trinke, wird mir schlecht. Ich hab ohnehin das Gefühl, dass wir auf See sind: Hier schaukelt alles.«

»Schlappschwanz. Aus dir wird nie ein richtiger Seemann werden.«

Dieter kam mühsam auf die Beine, er reckte drohend die Faust. »Saufen alleine macht keinen Seemann!«

»Ist ja gut, Kleiner. Wir sollten uns nicht streiten. Ich freu mich doch, dass ich deine Portion kriege.«

Jetzt war der Topf vollständig leer. Das Gespräch versiegte, beide starrten vor sich hin.

Plötzlich waren da eilige Schritte an Deck.

Dieter riss erschreckt die Augen auf. »Der Alte ist da.«

Sie kamen von ihren Stühlen hoch, pusteten die Kerze aus, packten die Becher ins Spülbecken und versteckten die leeren Flaschen hinter dem Mülleimer.

Doch Kapitän Henningsen kam nicht in die Kombüse, er trampelte die Treppe zum Peildeck hoch. Dort stellte er den Maschinentelegrafen auf ›Achtung‹, dann rief er nach unten. »Wo seid ihr, Leute? Wir müssen die *Bordatxoa,* einen libanesischen Frachter, von Schuppen 85 zum Waltershofer Hafen verholen. Werft die Leinen los!«

Die beiden Seeleute hangelten nach draußen, fast hätten sie es nicht durch die Tür geschafft. Immerhin gelang es ihnen, die Leinen loszuwerfen, ohne dass einer von ihnen ins Wasser fiel.

Im Rosshafen angekommen, wurde die *Bugsier 23* vom Lotsen, der auf der Brücke der *Bordatxoa* stand und das Sprechfunkgerät am Ohr hatte, als Heckschlepper eingeteilt. Ein zweites Schleppschiff, die *Prompt,* war der Kopfschlepper.

Kapitän Henningsen manövrierte seinen Schlepper knapp hinter das Heck des Frachters. Die beiden Seeleute gaben die Schleppleine nach oben, wo sie durch die Mittelklüse gezogen und über einen Poller gehakt wurde.

Horst rülpste ungeniert übers Deck. »Wir haben den leichteren Job. Als Heckschlepper müssen wir nur etwas tun, wenn der Libanese um die Ecke will.«

»40 Meter Leine auslaufen lassen«, befahl Henningsen von oben, »danach Beiholer anbringen.«

Horst stellte sich an die Winde, doch der Leichtmatrose versuchte, ihn beiseite zu drängen. »Ich mach das mit der Winde. Ich bin nüchterner als du.«

»Quatsch, ich mach es. Das bisschen Glühwein macht mir nichts aus. Ich bin hier nämlich der Matrose und nicht du.«

»Ich kann das auch! Ich fahr schon länger auf Schleppern als du.«

»Aber nur, weil ich früher auf richtigen Schiffen auf See war. Verschwinde, du milchgesichtiger Leichtmatrose, du halbe Portion.«

Dieter zog beleidigt ab.

»Du kannst Messing putzen«, rief Horst hinter ihm her, »aber schön ordentlich. Ich werde das kontrollieren.«

Die *Bordatxoa* setzte sich mit langsamer Maschinenkraft in Bewegung, vorneweg der Schlepper *Prompt,* achtern die *Bugsier 23,* wobei Kapitän Henningsen darauf achtete, dass die Schleppleine immer leicht durchhing, um den Kopfschlepper nicht zu behindern.

Bis zur Kaispitze des Ellerholzhafens lief alles nach Plan, doch dann tauchte ein Problem auf: Ein russischer Frachter hatte an der Pier festgemacht, sein Steven ragte über die Kaispitze hinaus.

Der Lotse gab die Befehle über Sprechfunk: »*Prompt,* ziehen Sie mehr nach Backbord, damit wir von dem Russen freikommen.«

Der Schlepperkapitän bestätigte die Anweisung, kurz darauf zog die *Prompt* mit straff gespannter Schleppleine an. Doch ungeachtet dieses Manövers drehte die *Bordatxoa* immer weiter auf den russischen Frachter zu.

Jetzt wurde der Lotse nervös. Er ließ das Ruder »*Hart Backbord*« legen, gleichzeitig stellte er den Maschinentelegrafen auf ›Voraus Halbe Kraft‹, um das Rudermanöver zu unterstützen. Das Schiff nahm Fahrt auf, doch es schwenkte noch immer nach Steuerbord.

»*Prompt! Prompt!*«, brüllte der Lotse ins Gerät. »Nun ziehen Sie doch endlich. Wir kollidieren sonst mit dem Russen.«

»*Bordatxoa,* hier *Prompt.* Ich arbeite schon mit voller Kraft. Mehr geht nicht. Vielleicht schauen Sie mal, was der Achterschlepper macht.«

Wegen der hohen Aufbauten konnte der Lotse nicht sehen, was am Heck los war, doch wenn er es gesehen hätte, hätte es ihn sprachlos gemacht.

Kapitän Henningsen hatte für einen Augenblick den Schiffsverkehr hinter sich beobachtet, da drehte sein Schlepper mit einem Mal quer zur Fahrtrichtung und legte sich nach Steuerbord über. Henningsen fuhr herum. Sie trieben jetzt nicht mehr mit loser Leine hinter dem liberianischen Frachter her, da waren höchstens noch 20 Meter Schleppleine und die stand straff gespannt.

»Was macht ihr da unten, ihr Idioten«, schimpfte der Kapitän vom Peildeck herunter, »gebt Leine. Ich will 40 Meter Leine haben!« Er presste die Hand auf den Knopf, an Deck schrillte eine Klingel, es war das übliche Signal für die Decksleute, die Schleppleine zu fieren.

Das wäre unter anderen Umständen eine richtige Entscheidung gewesen, doch in dieser Situation führte es in eine Katastrophe, denn genau in diesem Augenblick nahm die *Bordatxoa* mehr Fahrt auf, wie es durch das Manöver ›Voraus Halbe Fahrt‹ auch erwartet werden konnte. Bisher war die Schlagseite des Schleppers nicht besorgniserregend gewesen, das war eine für den Bugsierdienst normale Lage. Durch die Vorausfahrt der *Bordatxoa* und die straff gespannte Schleppleine bekam die ohnehin schräg liegende *Bugsier 23* jedoch weiter Schlagseite, das Wasser schwappte bereits an Deck.

Da nach dem ersten Klingeln nichts passiert war, gab Henningsen noch einmal ein Klingelzeichen. Jetzt, endlich, reagierte der Mann an Deck. Der Kapitän konnte das Geräusch der anfahrenden Winde hören, der Motor jaulte in hoher Drehzahl auf. Es knallte zweimal, der Schlepper legte sich auf die Seite, fiel platt aufs Wasser, danach richtete er sich nicht mehr auf.

Durch den plötzlichen Ruck war Kapitän Henningsen gegen die Reling des Peildecks geschleudert worden, wo er für kurze Zeit benommen liegen blieb. Der Leichtmatrose Dieter

Pape schoss durchs Ruderhaus, konnte sich jedoch an der Seitenwand, die jetzt der Fußboden war, abfangen. Er riss ein Fenster auf und rettete sich ins Freie. Die Steuerbord-Seite des Schleppers lag vollständig im Wasser, das Schiff sank schnell tiefer.

»Horst, was ist los? Wo bist du?«, rief Dieter panisch in die Dunkelheit.

Keine Antwort.

Mit einem Mal hörte Dieter ein Klopfen an der Maschinenraumtür. Er kroch auf allen vieren hinüber, richtete sich auf und rüttelte an der Eisentür. Er zog und zerrte, doch die Tür klemmte, sie ließ sich keinen Millimeter bewegen.

»Nun drück doch von innen«, keuchte er, »ich krieg die Tür nicht alleine auf.«

Das Wasser stand jetzt so hoch, dass fast die gesamten Aufbauten unter Wasser lagen. Dieter sah aus den Augenwinkeln, wie sich hinter dem Kombüsenbullauge etwas bewegte. Es war der Maschinist, der mit verbissenem Gesicht an der Verschraubung des Bullauges drehte. Doch wie konnte das gehen, da dieses Bullauge nie geöffnet und die Verschraubung -zig Mal mit Farbe überstrichen worden war?

Inzwischen reichte das Wasser in der Kombüse dem Maschinisten bis zum Hals. Als ein Holz vorbeischwamm, möglicherweise ein Kochlöffel, griff er danach und klemmte ihn in die Verschraubung. Dieter sah, wie sich die Schraube löste, doch es ging viel zu langsam. Das Wasser erreichte jetzt das Bullauge, der Leichtmatrose sah die Augen des Maschinisten und seinen aufgerissenen Mund nur noch wie durch einen Schleier.

»Lass das Bullauge!«, brüllte er, »komm zur Tür!«

In diesem Augenblick sackte der Schlepper weg.

Es gab keinen Strudel, keinen Sog, der Dieter in die Tiefe gerissen hätte. Die *Bugsier 23* verschwand so still und lautlos im Hamburger Hafen, als hätte es sie nie gegeben.

Aber den Leichtmatrosen Dieter Pape gab es noch. Er paddelte im Wasser, die Kälte legte sich wie ein Ring um seine

Brust. Das ist das Ende, blitzte es in ihm auf, hier in der Dunkelheit findet dich keiner.

Er war jedoch nicht alleine. Nicht sehr weit entfernt hörte er jemand pusten und dann ein Platschen im Wasser. Das beruhigte ihn. Wenigstens ein bisschen.

»Horst?«, fragte er in die Dunkelheit.

»Ich weiß nicht, wo er ist«, keuchte Schiffer Henningsen, »was ist eigentlich passiert?«

Dieter wusste es auch nicht. Er wollte gerade etwas sagen, wollte die lastende Stille überbrücken, wollte zeigen, dass er noch lebte, dass er nicht untergegangen war, da hörte er das Rauschen einer Bugwelle hinter sich. Der Steven eines Schiffes kam direkt auf ihn zu, er konnte gerade noch den Schiffsnamen *Bugsier 4* an der Schiffswand lesen, dann blendete ihn ein Lichtstrahl. Die Bugwelle fiel in sich zusammen, zwei kräftige Fäuste griffen ihm unter die Arme. Sie hievten erst ihn aus dem Wasser und gleich darauf den Schiffer.

Die Männer der *Bugsier 4* machten nicht viel Worte. Sie zogen die beiden schlotternden Schiffbrüchigen in der Messe nackt aus und stellten sie unter die heiße Dusche. Danach bekamen sie Ersatzkleidung und wurden, in Decken gehüllt, in der Kombüse neben die Heizung gesetzt. Jeder bekam einen Becher mit dampfender Flüssigkeit und dann noch einen, der Inhalt roch mehr nach Weinbrand als nach Kaffee.

Gesprochen wurde wenig während dieser Aktion. Die Schiffbrüchigen konnten nichts sagen, weil sie unter Schock standen und auch, weil ihnen die Zähne so stark klapperten. Und die Seeleute der *Bugsier 4* hatten keine Zeit, sich allzu lange mit den beiden zu beschäftigen, weil sie auf der Suche nach weiteren Überlebenden waren.

Der Kapitän fuhr die Unfallstelle ab, ein Matrose hatte den starken Suchscheinwerfer auf die Wasseroberfläche gerichtet, die anderen standen auf der Back und spähten nach vorne.

Plötzlich ein Schrei. »Dort! Ein Strich an Steuerbord ist einer. Fahr mal ganz langsam ran, ich glaub der ist hinüber.«

Sie zerrten den Matrosen Horst Jacobs aus dem Wasser, die Luft in seiner Kleidung hatte ihn an der Oberfläche gehalten.

In der Messe stand die Besatzung scheu und hilflos vor dem Leblosen, den sie auf den Tisch gelegt hatten. Schließlich trat ein älterer Matrose vor, knöpfte die triefende Jacke des Mannes auf, schob das Hemd nach oben und drückte ein Ohr auf dessen Brust. In diesem Augenblick kam der Kapitän mit seinem Rasierspiegel, den er gegen Mund und Nase des Seemannes hielt.

»Kein Herzschlag«, sagte der Matrose.

Der Kapitän schüttelte den Kopf. »Auch keine Atmung.«

»Was machen wir jetzt mit ihm?«, fragte ein dritter.

Der Kapitän blickte auf das Wasser, das dem Matrosen aus der Kleidung lief und sich in einer Ecke des Raumes sammelte.

»Ich weiß es nicht«, sagte er leise.

Doch damit war das Problem nicht gelöst, denn der Ertrunkene lag immer noch auf dem Tisch. Der Kapitän reckte sich. »Ich rufe die Wasserschutzpolizei an. Die wissen, was man mit einem Toten macht.« In der Tür drehte er sich noch mal um. »Den beiden in der Kombüse sagt ihr aber nichts davon.«

Noch in der Nacht wurde der Schlepper gehoben. Das Hebeschiff schob die *Bugsier 23* zum Kai, wo sich starke Saugrohre in den Schiffskörper senkten. Kaum war das Schiff so weit gelenzt, dass das Deck begangen werden konnten, stiegen Kriminalbeamte und der Polizeifotograf an Bord. Sie befreiten den toten Maschinisten aus der Kombüse und fotografierten alles, was zur Klärung des Tathergangs von Wichtigkeit sein konnte.

Diese Fotos halfen dem Seeamt Hamburg, die letzten Minuten der *Bugsier 23* zu rekonstruieren.

Kriminaloberkommissar Müller deutete auf die Fotos.

»Es war für uns zwar nicht mehr nachzuvollziehen, warum die Schleppleine um die Hälfte verkürzt wurde. Aber nachdem der Kapitän das Klingelzeichen ›Schleppleine fieren‹ signalisiert hatte, ist auf den Fotos recht genau zu sehen, was dann passierte.« Er pickte eine Aufnahme heraus und legte sie den Mitgliedern des Seeamts vor. »Hier sehen Sie: Der Schleppwagen ist aus seiner Führung gerissen und der schwere Schlepphaken nach oben verbogen. Es müssen also sehr starke Kräfte auf das Material eingewirkt haben.«

Jetzt das nächste Foto. »Hier ist die Winde und der Kontroller, also die Windensteuerung, zu sehen. Der Schalthebel zeigt Richtung Bug des Schleppers und steht auf Stufe 5. Das bedeutet, dass die Schleppleine mit höchster Geschwindigkeit eingeholt worden ist.«

Überraschtes Schweigen im Saal. Der Vorsitzende des Seeamts nahm das Foto hoch, blickte lange drauf, legte es dann kopfschüttelnd weg. »Warum steht die Anzeige auf ›hieven‹? Der Matrose sollte doch mehr Lose in die Schleppleine geben.«

Kriminaloberkommissar Müller präsentierte ein weiteres Foto. »Hier erkennen Sie das Gestänge, das mit der Windensteuerung verbunden ist. Man kann die Winde nämlich auch von einem etwas weiter entfernten Standort über dieses Gestänge bedienen. Wie mit einer Fernsteuerung.«

»Ja, und?«

»Das Problem ist, dass in diesem Falle die Anzeige verkehrt herum gedacht werden muss.«

»Verkehrt herum gedacht…? Ich verstehe Sie nicht.«

Der Polizist schien belustigt. »Ja, es ist schwierig, das muss ich zugeben. Wird der Hebel am Kontroller auf ›hieven‹ gestellt, dann bedeutet das tatsächlich ›hieven‹. Bei der Außensteuerung bedeutet ›hieven‹ jedoch ›fieren‹.«

»Sehr merkwürdig, völlig verwirrend. Aber das müsste den Decksleuten doch bekannt gewesen sein.«

Jetzt meldete sich einer der Beisitzer. »Wenn ich aus dem

Ergebnis der amtsärztlichen Untersuchung zitieren darf. Am Morgen nach dem Unfall wurden Blutproben genommen und die ergaben das folgende Ergebnis: Bei Kapitän Henningsen konnte kein Alkohol im Blut festgestellt werden, bei dem Maschinisten 1 Promille, bei dem toten Matrosen 2,2 Promille und bei dem Leichtmatrosen 2,1 Promille. Es ist wohl zu vermuten, dass der Matrose betrunken war. Oder deutlicher gesagt: Er war stinkbesoffen! Der wusste wohl nicht mehr, was er tat.«

Nach dem Kriminaloberkommissar wurden die Zeugen gehört: Schiffer Henningsen, Leichtmatrose Dieter Pape, der Lotse auf dem liberianischen Frachter, ein Obermaat der Marine, der auf einem nahe liegenden Tender Wache ging und den Schiffsunfall mitverfolgt hatte, schließlich auch der Schiffer des *Bugsier 4*, der damals bereits in den Augenblick die Leinen loswerfen ließ, als sich die *Bugsier 23* auf die Seite legte.

Am Ende der Beweisaufnahme stand der Bundesbeauftragte, der in der Verhandlung die Funktion eines Staatsanwalts übernahm, auf und gab seine Stellungnahme ab. »Wir haben es hier mit einem denkbar simplen Fall zu tun, meine Herren: ein einfaches Verholmanöver, wenig Wind, keine Strömung, gute Sicht. Und mit einem Mal dieser Bedienungsfehler des Matrosen Horst Jocobs durch Alkoholeinwirkung. *Unnötig zu sagen, dass kein Schlepper infolge eines Bedienungsfehlers kentert. Die ›Bugsier 23‹ kenterte infolge unseemännischen Manövers und mangelnder Entschlusskraft des Kapitäns. Obwohl er die Gefahr für seine Besatzung voraussehen musste, entschloss er sich nicht, die Schleppleine zu slippen, was mit keinerlei Risiko verbunden gewesen wäre.«* Der Bundesbeauftragte blickte in die verblüfften Gesichter der Seeamtsmitglieder, seine Stimme nahm an Schärfe zu. »*Dieses Verhalten ist der Grund für den Unfall und bedeutet das fahrlässige Außerachtlassen von Sorgfalt, Umsicht, Vorsicht zu denen der Kapitän verpflichtet ist. Ich bitte um Feststellung eines Verschuldens.«*

Der Bundesbeauftragte setzte sich und verschränkte demonstrativ die Arme vor der Brust. Die Mitglieder des Seeamtes, allesamt gestandene Kapitäne mit großer Erfahrung, wollten Widerspruch einlegen, doch der Vorsitzende verschaffte sich lautstark Gehör: »Meine Herren, ich bitte Sie! Wir wollen doch die Verhandlung nicht hier in diesem Saal vornehmen. Bedenken Sie, dass unsere Beratung unter Ausschluss der Öffentlichkeit erfolgen muss. Bitte folgen Sie mir ins Nebenzimmer.«

Das Seeamt zog sich zur Beratung zurück, sie dauerte nicht lange. Als alle wieder Platz genommen hatten, verlas der Vorsitzende den Spruch des Amtes:

»1. Ein Verschulden des Kapitäns des Motorschleppers *Bugsier 23* hat das Seeamt verneint. Zwar hatte der Schlepper wegen der kurzen Schlepptrosse eine leichte Schlagseite, doch das war für sich genommen kein Grund, die Leine zu slippen. *Der Schlepper befand sich in dieser Phase noch in einer im Bugsiereinsatz üblichen Situation, die keine Gefahr signalisierte. Als der Schlepper dann unerwartet nach Steuerbord übergerissen wurde und der Schiffer Henningsen gegen das Steuerbord-Schanzkleid des Peildecks fiel, war es ihm nicht mehr möglich, sofort und damit noch rechtzeitig die Slipvorrichtung zu betätigen.*

2. *Die unverzüglich angelaufenen Rettungsmaßnahmen des* ›Bugsier 4‹, *denen leider kein voller Erfolg beschieden war, verdient Anerkennung.*«[3]

Die Elbe zwischen Altona und Brunsbüttel

Die Elbe zwischen Altona und Brunsbüttel

Verglichen mit der Breite ihres Mündungsgebiets ist die Elbe zwischen Brunsbüttel und Altona recht schmal und tückisch durch ihre Inseln, die Sandbänke und Untiefen, weshalb grundsätzlich Lotsenpflicht besteht. Um die Seefahrt sicherer zu machen, markierten die Hamburger schon im Mittelalter dieses Flussgebiet mit Seezeichen (Tonnen) und legten später Leuchtschiffe an besonders kritischen Stellen aus.

Allerdings forderte nicht nur der Strom den Seemann heraus, auch andere Schiffe waren manchmal ein Ärgernis und ein potentieller Kollisionsgegner. Zum Beispiel fischende Fahrzeuge, denen man ausweichen musste und die nicht selten eine recht eigenwillige Interpretation von einer ordnungsgemäßen Navigation hatten. Erschwerend kam hinzu, dass Fährschiffe zwischen dem nördlichen und südlichen Ufer verkehrten. Und dann waren da noch – zumindest in früheren Zeiten – die Segelschiffe, die bei ungünstigen Winden ebenfalls das Fahrwasser kreuzten und denen ein motorbetriebenes Fahrzeug grundsätzlich ausweichen musste. Gegen solche Zeitgenossen half nur angespannte Aufmerksamkeit – und manchmal nicht einmal das.

Mit der Zunahme des Verkehrs, der Schiffsgröße und der Schiffsgeschwindigkeit wurde es notwendig, die Elbe in ein südliches und ein nördliches Fahrwasser aufzuteilen. Das südliche Fahrwasser war für flussaufwärts fahrende Schiffe reserviert, das nördliche für flussabwärts fahrende. Es herrschte also Rechtsverkehr. Nachts zeigten Leitfeuer an, in welchem Bereich sich ein Schiff bewegte, was bei unsichtiger Luft oder Nebel jedoch keine wirkliche Hilfe war.

Noch später richtete Hamburg eine Radar-Leitzentrale ein (Hamburg Radar), über die sich die Lotsen zur Position ihres Schiffes und dem Verkehr auf dem Fluss unterrichten konnten.

Allerdings krankte das System in der Anfangszeit daran, dass der UKW-Sprechfunkverkehr nicht selten unverständlich beziehungsweise ganz gestört war. Und so kam es wie es kommen musste: Es gab Kollisionen trotz Leitfeuer, Radargeräten an Bord und der Radarberatung vor Ort.

MEHR LICHT!

Lühe an der Elbe, 16. Juli 1921

Mit der Spätschicht im Hamburger Hafen waren die letzten Stückgüter an Bord des Flensburger Dampfers *Hochland* gebracht worden. Jetzt wartete Kapitän Rapp auf die Ladungspapiere und den Lotsen.

Endlich, gegen 1 Uhr nachts, kam der Lotse Grönhof an Bord, eine halbe Stunde später kletterte der Schiffsagent mit den Konnossementen über die steile Gangway.

Der Kapitän blickte demonstrativ auf die Uhr. »Ich wäre gerne früher ausgelaufen«, sagte er ungnädig.

Lotse Grönhof gab sich lässig. »Dann hätten Sie gegen die Flut andampfen müssen. Jetzt ist es günstiger, gerade setzt die Ebbe ein.«

Kurz vor zwei Uhr verließ die *Hochland* den Hamburger Hafen, die Reise nach Spanien hatte begonnen. Es war eine dunstige Nacht, der Halbmond und die Sterne tauchten den Fluss in ein diffuses Licht.

Der Lotse rieb sich zufrieden die Hände. »Wir werden schnell in Brunsbüttel sein, die Ebbe zieht uns geradezu in Richtung Meer.«

Kapitän Rapp nickte in der Dunkelheit. »Kann uns nur recht sein.«

Doch noch waren sie nicht in der Nordsee, sie waren eben an Wedel vorbei und steuerten jetzt das Seezeichen bei Lühe an: die ›Lühe-Gastonne‹.

Der Zweite Offizier, der Wache hatte, blickte angestrengt nach vorne. »Da liegt ein Fahrzeug neben der Tonne. Ich kann nicht genau erkennen, was das ist.«

Der Lotse blickte nur kurz hin. »Das ist ein Bagger. Der liegt schon länger hier. Wir sollten uns mehr nach Backbord orientieren, damit die Jungs dort drüben ruhiger schlafen können.«

Der Steward kam nach oben und füllte Kaffee in die Muggen. Der Lotse hielt die Hand über seine Tasse. »Keine Sahne, keinen Zucker! Der Kaffee muss schwarz sein wie die Füße eines Landbriefträgers.«

Der Zweite Offizier lachte in sich hinein, Kapitän Rapp war jedoch mit etwas anderem beschäftigt. »Was ist das für ein Schatten vor uns?«

Jetzt starrten auch der Lotse und der Wachoffizier in die Dunkelheit.

»Merkwürdig«, rätselte Lotse Grönhof, »ich kann auch nicht erkennen, was das ist. Kein Licht an Bord, keine Positionslampen, aber doch wohl ein Schiff.«

Der Wachoffizier griff nach dem Ruderrad. »Geh mal in die Nock«, sagte er zum Schiffsjungen, der bisher gesteuert hatte, »du hast von uns die besten Augen. Schau mal, was das da vorne ist.«

Der Schiffsjunge meldete sich recht schnell. »Das ist eine Schonerbrigg. Die fährt mit uns elbabwärts, ist aber langsamer als wir. Ein Hecklicht kann ich nicht erkennen.«

Kapitän Rapp ließ seinem Ärger freien Lauf. »Unglaublich, was sich hier alles rumtreibt. Ob die keine Angst haben, dass wir sie überrennen?«

Als sie den Segler quer an Steuerbord hatten, konnten sie dessen rote Positionslampe erkennen.

»Immerhin«, sagte der Lotse mit einem Anflug von Zynismus, »zu den Seitenlampen hat das Geld noch gereicht.«

Der Junge kam herein und wollte das Ruder übernehmen, doch der Wachoffizier scheuchte ihn wieder nach draußen. »Du bleibst in der Nock! Schön Ausguck halten, hörst du. Da scheint ja allerhand Kroppzeug des Nachts unterwegs zu sein.«

Der Schiffsjunge war noch nicht lange draußen, da meldete er sich wieder, man hörte ihm die Anspannung an. »Da ist wieder so ein Geisterschiff. Ein schwarzer Schatten ohne Licht. Scheint ein einmastiger Segler zu sein.«

»Mitläufer oder Gegenkommer?«, fragte Kapitän Rapp.

»Kann ich nicht erkennen.«

Für den Lotsen Grönhof war die Sache klar. »Es kann nur ein Mitläufer sein. Ein Gegenkommer müsste im südlichen Fahrwasser unterwegs sein.«

»Vielleicht ein Segler, der auf der Elbe kreuzt«, sagte der Wachoffizier, »dann sind wir ausweichpflichtig.«

Der Lotse wiegte nachdenklich den Kopf: »Vielleicht ist es auch ein Fischer.«

»Dann sind wir auch ausweichpflichtig.«

»Warum können die keine Lichter zeigen«, schimpfte Kapitän Rapp, »das ist ja wie im Kaffeesatz lesen.«

Der Lotse beugte sich in der Nock über die Brüstung, als könnte er dadurch besser sehen. »Schwer zu sagen, was es ist. Doch wir sollten vorsichtig sein. Gehen Sie mehr nach Backbord.«

Der Wachoffizier drehte am Rad.

Der Kapitän, der Lotse und der Junge standen jetzt nebeneinander in der Nock und starrten auf den schwarzen Schatten, der schnell größer wurde.

»Ich sehe ein Segel«, rief der Junge.

Der Kapitän wischte die Warnung beiseite. »Kann nicht sein, ich höre ein Maschinengeräusch.«

Der Junge hüpfte vor Aufregung von einem Bein auf das andere. »Da ist eine Bugwelle! Das ist ein Gegenkommer.«

Lotse Grönhof fluchte ungehalten. »Was mach dieser Mistkerl in unserem Fahrwasser?«

Mit zwei schnellen Schritten war er im Ruderhaus, rief »Ruder Hart Backbord« und riss den Hebel des Maschinentelegrafen auf »Volle Kraft Zurück«, während der Kapitän mit aller Macht an der Dampfpfeife zog.

Der Wachoffizier kurbelte am Rad, der Dampfer schwenkte zur Mitte der Elbe, der Gegenkommer, wohl ein Fischkutter, ›wanderte‹ nach Steuerbord aus.

Der Lotse stieß die Luft aus seinen Lungen, die er wohl die letzten Sekunden angehalten hatte. »Das war knapp! Wie können die nur so ignorant sein. Falsche Fahrwasserseite und dann ohne Licht. Die schlafen wohl alle.«

Hier irrte der Lotse. Die Leute auf dem Gegenkommer schienen nicht zu schlafen, denn plötzlich schwenkte das unbeleuchtete Schiff ebenfalls zur Fahrwassermitte und lief dem Dampfer genau vor den Bug.

Die Männer auf der Brücke der *Hochland* standen wie erstarrt.

Für einen kurzen Augenblick sah es so aus, als würde das kleine Schiff noch davonkommen, doch dann krachte der große Dampfer in dessen Backbordseite und riss einen Teil mit sich, während das getroffene Fahrzeug an der *Hochland* entlangschrammte und in der Dunkelheit verschwand.

Die Freiwache der *Hochland*, die im kollisionsgefährdeten Bereich unter der Back geschlafen hatte, stand Sekunden nach dem Zusammenstoß in Hemd und Unterhose an Deck, der Zimmermann rannte zum Ankerspill.

»Fallen Steuerbord-Anker«, rief der Kapitän nach vorne, »und ihr da, steht nicht so sinnlos an Deck herum. Setzt das Boot aus, wir müssen die Leute retten.«

Dann wandte er sich zum Ersten Offizier, der atemlos auf die Brücke gestürmt war. »Schnappen Sie sich den Bootsmann und kontrollieren Sie, ob wir vorne einen Wassereinbruch haben.«

Die Mannschaft brauchte dann doch kein Boot auszusetzen, denn plötzlich fragte eine Stimme aus der Dunkelheit: »Kann ich Ihnen helfen?«

Kapitän Rapp blickte überrascht und wohl auch etwas verwirrt an der Schiffseite nach unten, denn neben der *Hochland* lag die Brigg mit backgebrassten Segeln, die sie kurz zuvor überholt hatten.

»Ja, Sie können helfen. Bergen Sie die Leute von dem Kutter dort hinten, der macht es nicht mehr lange.«

Die Besatzung des Seglers war geübt und flott. Blitzschnell hatten sie das Beiboot bemannt und ruderten zu dem Havaristen, bei dem das Wasser bereits über Deck spülte. Die drei Männer der Besatzung sprangen ins Boot, im gleichen Augenblick sank der Kutter in die Tiefe.

Es regnete an diesem 4. November 1921, es war windig und kalt. Wie es eben ist, in Hamburg im Herbst. Dr. Arnstedt, der Vorsitzende des Seeamts, der gerade den Saal betreten hatte, betrachtete missbilligend seinen durchfeuchteten Hut, dann reichte er ihn, zusammen mit dem nassen Mantel, dem Amtsdiener.

Alfred Schröder, seines Zeichens Hilfssekretär und Protokollant im Seeamt, hatte ein Déjà-vu, wieder einmal. Wie immer im Herbst und Winter würde der Vorsitzende in die Hände hauchen und sie aneinander reiben. Schreckliches Wetter, meine Herren, würde er sagen, wirklich unangenehm. Darauf würde Kapitän Meyer, einer der beiden Beisitzer, den Zeigefinger nach Art eines Schulmeisters erheben und erklären: Für uns Seeleute gibt es kein schreckliches Wetter, nur unpassende Kleidung. Daraufhin würde Dr. Arnstedt, der kein Seemann war, sondern Jurist mit der Befähigung zum Richteramt, nur milde lächeln und den Amtsdiener fragen, ob die beiden anderen Herrn bereits im Amt seien.

Der Vorsitzende hauchte in die Hände und rieb sie aneinander, als müsste er die abgestorbenen Finger erwärmen. »Schreckliches Wetter, wirklich unangenehm.«

Kapitän Meyer kam von seinem Stuhl hoch und reckte den Zeigefinger nach Art eines Schulmeisters. »Für uns Seeleute gibt es kein schreckliches Wetter …«

In diesem Augenblick kamen der zweite Beisitzer, Kapitän Hilgendorf sowie der Reichsbeauftragte Konteradmiral a. D. von Kausnitz in den Raum, sie nahmen ihre Plätze ein.

Dr. Arnstedt faltete die Hände über der Akte, die der Hilfssekretär auf die Tische der Seeamtsmitglieder gelegt hatte.

»Hiermit eröffne ich die Sitzung, meine Herren.« Er schlug die erste Seite auf. »Dampfer *Hochland* von Flensburg und Motorfischkutter *Else* von Büsum. Zusammenstoß am 16. Juli 1921.«

Die Beisitzer und der Reichskommissar nickten bestätigend, Hilfssekretär Schröder protokollierte mit fliegender Feder.

»Ich gehe davon aus, meine Herren«, sagte der Vorsitzende, »dass es in Ihrem Sinne ist, dass wir keine Ingenieure als weitere Beisitzer berufen haben, da es sich bei diesem Schiffsunfall um ein navigatorisches Versagen handelt und um kein Problem des Maschinenbetriebs.«

Wieder nickten die Seeamtsmitglieder.

»Amtsdiener! Der erste Zeuge bitte: Kapitän Rapp.«

Der Kapitän der *Hochland* trat ein, er wirkte nicht ängstlich, jedoch vorsichtig in dem für ihn ungewohnten Terrain.

Dr. Arnstedt instruierte ihn über den Ablauf des Verfahrens und forderte ihn auf, Angaben zu seiner Person zu machen.

Kapitän Rapp machte jedoch keine Angaben. Vielmehr trat er vor und verbeugte sich tief vor Kapitän Hilgendorf, um seine Hochachtung gegenüber dem berühmten Segelschiffskapitän auszudrücken. Erst danach erklärte er sich zu seiner Person, zu seinem Schiff, zur Befähigung zum Schiffer auf großer Fahrt – hierzu legte er sein Patent von 1901 vor – und schilderte anschließend den Ablauf des Unfalls, wobei die jetzige Aussage nur unwesentlich von den Angaben abwichen, die er bereits kurz nach dem Unfall gegenüber der Polizei schriftlich dargelegt hatte.

Der Vorsitzende blickte in die Runde. »Haben Sie Fragen an den Zeugen?«

Sowohl die beiden Beisitzer als auch der Reichskommissar verneinten.

Dr. Arnstedt nickte milde. »Vielen Dank, Herr Kapitän. Bitte halten Sie sich draußen zur Verfügung, womöglich werden Sie noch gebraucht.«

Als nächster Zeuge wurde der Elblotse Grönhof in den Saal gebeten. Wieder wurden die Formalien abgehandelt, der Lotse legte sein Kapitänspatent vor und die Bestätigung, dass er eingetragenes Mitglied der Elblotsenbrüderschaft war. Er antwortete auf die Fragen kurz und korrekt ohne blumige Abschweifungen, denn er stand wohl nicht das erste Mal vor dem Seeamt. Im Übrigen deckte sich seine Schilderung des Unfallhergangs mit denen von Kapitän Rapp. Der Vorsitzende wollte den Lotsen bereits entlassen, doch der sagte, er wolle noch eine Erklärung grundsätzlicher Art abgeben.

»Meine Herren«, begann er, »der Beruf des Lotsen ist an sich schon ein schwieriges Gewerbe, besonders bei Nacht, in engem Fahrwasser und auf Schiffen, deren Ausrüstung und Manövrierfähigkeit man erst während der Fahrt, also im laufenden Betrieb, einschätzen kann. In der letzten Zeit ist die Arbeit auf der Elbe jedoch immer schwieriger geworden, weil die Zahl der Motorschiffe erheblich zugenommen hat. Und ganz besonders die Zahl jener kleinen Motorfahrzeuge, die überhaupt kein Licht zeigten. Diese erforderten eine immerwährende Anspannung und hohe Aufmerksamkeit, um sicher und ohne Unfall auf der Elbe zu fahren.« Er machte eine kurze Pause, weil er sich in Rage geredet hatte, dann sprach er mit reduzierter Lautstärke weiter. »Ich bitte das Seeamt und insbesondere den Herrn Reichskommissar, sich dafür zu verwenden, dass die Schifffahrt auf der Elbe sicherer wird.«

Nachdem der Lotse den Raum verlassen hatte, polterte Admiral von Kausnitz los: »Unglaublich, dass eine solche Fahrlässigkeit auf den Wasserstraßen des Deutschen Reichs geduldet wird.«

Kapitän Hilgendorf lehnte sich lächelnd zurück. »Als ich noch in der Salpeterfahrt nach Chile war, hatten wir dort ständig irgendwelche Fischer vor uns, die nie ein Licht zeigten.«

Kapitän Meyer reckte sich. »Sie wollen so etwas doch wohl nicht gutheißen, Herr Kollege?«

41

»Nein, durchaus nicht. Ich will nur darauf aufmerksam machen, dass die Fischer im Allgemeinen ein sehr eigentümliches Volk sind. Starrsinnig und nur ihren eigenen Gesetzen gehorchend.«

»Der nächste Zeuge bitte«, sagte der Vorsitzende.

Fischer Schauland war ein bulliger Mensch mit einem wuchtigen Schädel und abgearbeiteten Händen, links fehlten ihm zwei Finger. Er hatte sich in einen altertümlichen Gehrock und ein Hemd mit Stehkragen gezwängt, sein Selbstbewusstsein schien unerschütterlich zu sein. Zu den Personenstandsfragen antwortete er knapp: »Johann Heinrich Schauland, 48 Jahre alt, Fischer, wohnhaft in Büsum, Besitzer des Motorfischkutters *Else*, Heimathafen Büsum.«

Der Vorsitzende streckte die Hand aus, Fischer Schauland blickte verständnislos.

»Ihr Befähigungsnachweis, bitte.«

»Befähigungsnachweis?«

»Ja doch, Ihr Patent. Die Bescheinigung, dass Sie zum Führen eines Fischereifahrzeugs berechtigt sind.«

Der Fischer antwortete harsch. »Patent habe ich nicht. Brauche ich auch nicht. Ich fische seit 20 Jahren in der Deutschen Bucht und noch nie hat mich jemand nach irgendwelchen Patenten gefragt.«

Da war ein abgrundtiefes Schweigen im Saal, es schien, als würde die Zeit stillstehen. Die Anwesenden starrten den Fischer an, als käme er aus einer anderen Welt. Hilfssekretär Schröder hatte aufgehört zu protokollieren, er schrieb an den Rand des Blattes den Vermerk ›unangenehmer Mensch!‹ ungeachtet der Tatsache, dass es nicht erlaubt war, persönliche Notizen auf Amtspapiere zu hinterlassen.

»Aha …«, sagte der Vorsitzende etwas ratlos, »dann geben Sie mir wenigstens Ihren Fischereierlaubnisschein.«

Fischer Schauland bekam einen roten Kopf, seine Halsschlagader quoll geradezu aus den Stehkragen heraus, er machte eine wegwerfende Handbewegung. »So einen Schein habe ich nicht. Wir sind in der sechsten Generation Fischer in Büsum. Mein Urgroßvater war Fischer, mein Großvater war Fischer, mein Vater war es und ich bin auch Fischer. Jeder in Büsum weiß, dass wir die Berechtigung zum Fischen haben, da braucht es keinen Schein.«

Wieder Sprachlosigkeit im Saal. Schließlich beugte sich Kapitän Hilgendorf vor. »Keine Berechtigungen also. Nun gut, dann erzählen Sie uns doch, wie sich der Schiffsunfall zugetragen hat, an dem Sie beteiligt waren.«

Der Fischer fuhr sich mit den Fingern zwischen Hemd und Hals, er versuchte den Kragen zu lockern, die Fragen nach den Patenten schienen ihn aus dem Konzept gebracht zu haben.

»Ja, das war so: Wir hatten vor Helgoland Schollen gefischt und als wir 2.000 Pfund in der Bünn hatten, wollten wir die Fische nach Altona auf den Fischmarkt bringen. Auf der Elbe kamen wir mit dem Wind ein gutes Stück vorwärts. Von Juels bis Lühe konnten wir noch segeln, aber dann nicht mehr, weil wir die Ebbe gegen uns hatten. Da habe ich den Motor angeworfen …«

»Und die Segel stehen gelassen«, sagte Kapitän Hilgendorf.

»Ja, die habe ich stehen gelassen, damit wir schneller weiterkamen. Ich musste ja frühmorgens zur Fischauktion in Altona sein. Wenn ich zu spät gekommen wäre, hätte ich den Fisch wegwerfen können.«

»Welche Positionslampen haben Sie geführt, Herr Schauland? Die für einen Segler oder die für ein Motorschiff? Da mussten Sie sich wohl entscheiden.«

Der Fischer lächelte entwaffnend. »Ach, das war überhaupt kein Problem. Ich habe immer eine Petroleumlampe an Deck stehen. Die halte ich hoch, wenn mir ein anderes Schiff zu nahekommt.«

»Wenn Sie ein Rundumlicht zeigen, sind Sie ein Ankerlieger oder ein Ruderboot«, erklärte Kapitän Hilgendorf, »also ein

Fahrzeug, das keine oder nur wenig Fahrt macht. Damit führen Sie die anderen Schiffe in die Irre.«

»Nein, in diesem Falle nicht. Ich habe die Lampe nämlich gar nicht hochgehalten, weil ich nach dem Motortank sehen musste, ob wir noch genügend Petroleum bis Altona haben.«

Der Reichskommissar konnte sich in seiner Empörung kaum zurückhalten. »Sie sind also mitten in der Nacht auf der Elbe völlig ohne Licht gefahren?«

»Das war doch nicht gefährlich. Es war heller Mondschein und außerdem eine viertel Stunde nach zwei Uhr, also fast Tag …«

Der Fischer wurde durch Kapitän Meyer unterbrochen: »Sonnenaufgang war zur Zeit des Unfalls erst kurz nach vier Uhr. Davor hatten wir Dämmerung. Sie sind aber nach der Seestraßenordnung verpflichtet, Lichter zwischen Sonnuntergang und Sonnaufgang zu führen und nicht nur bis zur Dämmerung.«

Fischer Schauland blickte lächelnd in die Runde und breitete die Arme aus. »Ach, wissen Sie, wir Fischer aus Büsum zeigen nie Lichter, wenn wir auf See sind. Wir haben 74 Fischkutter in Büsum und kein einziges zeigt ein Licht. Durch die vielen Lichter könnte leicht etwas passieren, es könnte eher zu einer Verwirrung führen, als wenn wir keine Lichter zeigten …«

Er blickte in die Runde. Die deutlich erkennbare Fassungslosigkeit der Seeamtsmitglieder schien ihn zu befremden.

»… aber ich sehe schon ein, dass es auf der Elbe wohl doch besser ist, Lichter zu zeigen. Ich war übrigens schon zwei- oder dreimal auf dem Fluss und habe immer Lampen brennen gehabt.«

Nun übernahm Kapitän Meyer die weitere Befragung. »Die Kollision ereignete sich im nördlichen Fahrwasser. Also auf der Seite, die Sie mit dem Motorfahrzeug gar nicht befahren durften. Können Sie uns erklären, wie es dazu gekommen ist?«

»Nördliches Fahrwasser?« Der Fischer wirkte ehrlich überrascht. »Ich war wirklich im nördlichen Fahrwasser? Nun ja …«, er gab sich einen Ruck, »… vielleicht lag es daran, dass ich in dieser dunklen Nacht versehentlich etwas zu weit auf die Nordseite geraten bin.«

»Sie haben doch gesagt, dass es eine mondsichtige Nacht gewesen war, Herr Schauland.«

»Ja, stimmt. Es war eine helle Nacht gewesen. Vielleicht hatte ich unbemerkt die Fahrwasserseite gewechselt, als ich nach dem Petroleum im Maschinentank geschaut habe.«

»Und wie war das jetzt mit der Kollision?«

»So richtig kann ich mich nicht mehr daran erinnern, es ging ja alles so schnell. Ich glaube, dass ich hochgeschaut habe, als da die Dampfpfeife des anderen Schiffes direkt vor mir zu hören war. Vorher konnte ich nichts sehen, weil die Segel im Weg waren. Jedenfalls habe ich nach vorne geschaut und das grüne Licht eines Dampfers gesehen. Ich wusste, dass das Signal des anderen Schiffes ›Backbordruder‹ bedeutete, aber anstatt auch Backbordruder zu geben, bin ich in meiner Verwirrung nach Steuerbord ausgewichen …«

»… und der *Hochland* genau vor den Steven gefahren.«

Der Schiffer tupfte sich den Schweiß von der Stirn, dann wischte er mit beiden Händen an der Hose entlang. »Ja«, sagte er leise, »so wird es wohl gewesen sein.«

»Haben Sie Ihr Rudermanöver mit dem Nebelhorn angezeigt?«

»Nein.«

»Haben Sie die Lampe hochgehalten, als Sie den Dampfer sahen?«

»Nein.«

Lastende Stille im Saal. Schließlich ergriff der Vorsitzende das Wort. »Haben Sie noch Fragen an den Zeugen?«

Die Beisitzer und der Reichskommissar schüttelten die Köpfe.

Die Befragung des Bestmanns Kolberg vom Kutter *Else* brachte nicht viel Neues. Allerdings erklärte er, dass sie schon zwei- oder dreimal die Elbe hochgefahren waren, aber niemals irgendein Licht gezeigt hatten.

Kaum hatte der Bestmann den Raum verlassen, kam der Reichskommissar vom Stuhl hoch. »Meine Herrn!«, dröhnte er durch den Saal, »es steht ja wohl kaum außer Frage, dass die Kollision allein durch den Kutter *Else* verschuldet ist und zwar infolge der gänzlich unseemännischen Führung des Fischers Schauland, der keinen Erlaubnisschein zum Fischen hat und kein Patent besitzt, der ohne Lichter gefahren ist, sich an die falsche Fahrwasserseite gehalten und zuletzt auch noch ein falsches Ruder gelegt hat. Das Fahrzeug ist also von einem Manne geführt worden, der überhaupt nicht fahren durfte.« Der Konteradmiral a. D. hatte sich richtiggehend in Rage geredet, jetzt holte er tief Luft: »Ich beantrage, dem Fischer Schauland das Befähigungszeugnis zu entziehen.«

Der Vorsitzende beugte sich vor. »Ich bin ganz Ihrer Meinung, Herr Kollege. Doch für den Betrieb eines so kleinen Fahrzeugs ist kein Patent vorgeschrieben. Und wo kein Patent vorhanden ist, kann es auch nicht entzogen werden.«

Das beruhigte den Reichskommissar überhaupt nicht, eher im Gegenteil. Sein Bart sträubte sich geradezu, die Haare standen ihm wirr vom Kopfe ab. »Es ist mir egal, ob mit oder ohne Patent! Solchen Leuten muss das Handwerk gelegt werden. Ich werde beim Verkehrsministerium in Berlin darauf hinwirken, dass dieser Fischer niemals wieder ein Schiff führen darf.«

Die Beratung des Seeamts war nur kurz. In seinem Spruch stellte es fest, dass der Fischer Schauland die Kollision alleine verursacht und eine schwere Schuld auf sich geladen hat, »indem er in einer Weise navigiert hat, welche nur als ganz unerhört bezeichnet werden kann. Er hat damit sein Schiff verloren und das Leben seiner Besatzung sowie die Sicherheit der übrigen Schiffahrt auf der Elbe gefährdet.«

Eigentlich wäre damit der Gerechtigkeit genüge getan, doch das Seeamt fühlte sich noch dazu verpflichtet, eine über den aktuellen Fall hinausgehende Bewertung abzugeben: »*Hält man die Klagen des Lotsen Grönhof mit den Aussagen des Schauland zusammen, so ergibt sich ein recht trübes Bild von den heutigen Zuständen auf der Elbe. Das Seeamt ist nicht in der Lage, hier einzuschreiten, es wäre aber dringend zu wünschen, daß die zuständigen Regierungsstellen diesen Fall zum Anlaß nehmen würden, um in eine gründliche Prüfung dieser Verhältnisse einzutreten. Mit der nachträglichen strafrechtlichen Ahndung der Tat, welche auch in diesem Falle erfolgen wird, ist nicht viel gewonnen. Wichtiger ist es, der Wiederholung solcher Unfälle dadurch vorzubeugen, daß der Betrieb dieser kleinen Fahrzeuge unter strengere Kontrolle gebracht wird.*«[4]

Tod eines Passagiers

Blankenese an der Elbe, 9. September 1928, kurz vor 20 Uhr

Der Prokurist Georg Stanko kniff die Augen zusammen, um besser zur anderen Seite der Elbe hinüber sehen zu können. Der Schlepper des Tauchers Harmstorf hatte zwei Feuerwerksschuten zur Insel Schweinesand gebracht und verankert. Jetzt waren dort Männer beschäftigt, um das alljährliche Abschlussfeuerwerk der Altonaer-Blankeneser Festwoche vorzubereiten.

»Ob es gleich losgeht?«, fragte Fräulein Hilda Fischer, unverehelicht, 18 Jahre alt, das sich bei Herrn Stanko eingehakt hatte.

Georg zog die Taschenuhr aus seiner Westentasche und ließ den Deckel aufspringen. »Es ist noch zu früh, Liebste. Die Raketen werden nicht vor neun Uhr gezündet.«

»Ich bin so aufgeregt, Georg. Stehen wir hier richtig? Können wir alles gut sehen? Am liebsten würde ich bei den Männern auf den Schuten sein, mitten im Feuer und im Qualm.«

»Hilda! Ich will nicht, dass du in Flammen aufgehst. Und außerdem sind beim Feuerwerk keine Frauen zugelassen, das ist Männersache.«

»Aber die Schuten sind viel zu weit weg. Sie liegen dort drüben auf der anderen Elbseite. Sicherlich werden wir nicht eine einzige Rakete sehen.«

»Liebste, wir stehen hier am Anleger Blankenese. Es gibt keinen besseren Platz.«

Hilda schien mit dieser Erklärung nicht zufrieden zu sein. Sie reckte sich, um noch besser sehen zu können, dann blickte sie die Elbe hoch in Richtung Hamburg. Auf dem Fluss war ein unglaublich dichter Verkehr, überall kreuzten größere und kleinere Wasserfahrzeuge, alle schienen auf das Feuerwerk zu warten. Manche der Schiffe waren hell erleuchtet, Musik und Lachen drang bis zu ihnen herüber.

»Warum sind wir nicht auf einem Boot, Georg?«

Der Prokurist reagierte etwas ungehalten. »Viele dieser Boote gehören Privatleuten, Hilda. Und für die anderen hätten wir uns schon vor Wochen anmelden müssen. Aber da kannten wir uns noch gar nicht.«

Aus dem allgemeinen Gewirr schälte sich der Ausflugsdampfer *Königin Luise* der Blankenese-Este-Linie heraus. Schwerfällig pflügte er elbabwärts, seine Schaufelräder rechts und links des Rumpfes wirbelten das Wasser auf. Der Dampfer schwenkte zur Blankeneser Anlegestelle, die Räder drehten rückwärts, sanft legte der Seitenraddampfer an. Die Matrosen gaben Taue an Land, Menschen strömten von der Gangway aufs Festland, andere drängten an Bord.

»Wohin fahrt ihr?«, fragte Hilda einen der Seeleute.

»Nur auf die andere Seite zum Schweinesand und dann wieder zurück.«

»Lass uns mitfahren, Georg. Bitte, bitte.«

Der Prokurist blickte abweisend. »Ich weiß nicht so recht. Von hier aus können wir das Feuerwerk doch genauso gut sehen. Oder vielleicht noch besser.«

»Bitte, Georg. Es ist doch nur einmal hin und zurück. In einer halben Stunde sind wir wieder hier.«

»Hildchen, du weißt doch, wie ich diese Menschenansammlungen hasse. Es sind sicherlich schon 200 Leute an Bord.«

Hilda drängte sich an ihn. »Bitte, Georg. Ich möchte doch so gerne mitfahren.«

Halb zog sie ihn, halb sank er hin, jedenfalls gingen sie gerade noch rechtzeitig an Bord, bevor die *Königin Luise* wieder ablegte. Es war 19.45 Uhr

Obwohl sie spät dran waren, bekamen Hilda und Georg noch einen hervorragenden Platz auf dem Oberdeck direkt an der Reling, weil sich eine Familie nicht über die Platzwahl einigen konnte und schließlich unter dem Sonnensegel stehen musste, von wo aus sie garantiert nichts sehen konnte.

Die Leinen wurden losgeworfen, die Schaufelräder der *Königin Luise* drehten sich erst langsam, dann immer schneller. Der Kapitän steuerte jetzt den Schweinesand auf der anderen Elbseite an. Hilda lehnte sich weit über die Reling und blickte nach vorne. Georg sah eine Strähne ihres Haares im Fahrtwind flattern, sah ihre glänzenden Augen und die leichte Röte, die sich auf ihren Wangen ausgebreitet hatte. Zu gerne hätte er sie in den Arm genommen und geküsst, doch er spürte instinktiv, dass sich Hilda in Gedanken irgendwo anders befand, jedenfalls weit weg von ihm.

Genau in den Augenblick, als die Schaufelräder stillstanden, zündeten die Männer auf den Leichtern die Raketen. Es war ein prächtiges Feuerwerk, viel größer als im letzten Jahr. Bunte Sterne zerplatzten am Himmel, ein silberner Regen floss auf die Zuschauer herunter, das Finale war atemberaubend. Als die letzte Rakete erloschen war, spendeten die Menschen an Bord der *Königin Luise* und auch die in den vielen Booten langanhaltenden Beifall. Dazu passte auch die Dampfpfeife des großen Frachters, der sich langsam durch das Gewirr der Boote schob.

Inzwischen war es kühl geworden. Hilda rieb sich die Arme, Georg legte fürsorglich seine Jacke um ihre Schultern.

»Lass uns unter das Sonnensegel gehen«, bat Hilda, »dort ist es nicht so frisch.«

Da es nun nichts mehr zu betrachten gab, läutete der Kapitän der *Königin Luise* die Schiffsglocke, kurz darauf drehten sich die Schaufelräder, der Dampfer schob sich rückwärts auf die Elbe hinaus in Richtung Blankenese. Georg und Hilda hielten sich eng umschlungen, sie hatte ihren Kopf gegen seine Brust gelehnt, er war glücklich, dass er ihr den Wunsch mit der Schiffsfahrt ermöglicht hatte. Keiner von beiden sagte etwas, Georg hatte das Gefühl, dass ihre Herzen im Gleichtakt schlugen. Sie blickten erst nach Blankenese hinüber, dann elbabwärts zu den großen Frachtern, die ihnen entgegenkamen.

An diesem Abend fuhren vier Dampfer hintereinander die Elbe hoch. Die Schiffe hatten annähernd die gleiche Geschwindigkeit, sie hielten jeweils einen Abstand von einer Seemeile. Auf der Höhe von Wittenberge blickte der Kapitän des ersten Schiffes ziemlich erschrocken, als nicht weit vor ihm entfernt Raketen in den Himmel schossen, fast wäre ihm das Fernglas aus der Hand gefallen. Die Raketen zerplatzten am Himmel, im nächsten Augenblick war der Lärm von Knallkörpern zu hören.

Der Lotse gab sich unbeeindruckt. »Das ist das Feuerwerk zum Abschluss der Festwoche hier im Ort. Veranstaltet und bezahlt vom Amt für Jugend und Sport.«

»Deshalb also die Festbeleuchtung am Ufer«, schimpfte der Kapitän, »man kann kaum die Fahrwassertonnen und die Leuchtfeuer bei so viel Licht erkennen.«

Inzwischen war auch der Lotse nicht mehr so gelassen. Er fühlte sich geblendet von den Raketen, den grellen Magnesium-Wasserfällen, die im breiten Schwall vor den Feuerwerksschuten herunterliefen und auch von dem Schwarzpulverdampf, der die Sicht auf den Fluss versperrte.

»Das Licht ist das eine Problem, Käpt'n, aber viel schlimmer sind die vielen Boote vor uns. Da ist fast kein Durchkommen.«

Recht hatte er, denn die Leute in den Booten waren so in die Betrachtung des Feuerwerks vertieft, dass sie nur widerwillig Platz machten. Mehrmals musste der Frachter stoppen, immer wieder zog der Kapitän an der Dampfpfeife, doch die Signale gingen im Knallen des Feuerwerks unter.

»Man sollte diesen Landratten verbieten, zur See zu fahren«, schimpfte der Kapitän lautstark auf der Brücke.

Der Lotse gab ihm Recht.

Das zweite in der Reihe der nach Hamburg laufenden Schiffe war der englische Frachter *Cornwood*, der Steinkohlen von Newcastle nach Altona bringen sollte. Als die *Cornwood* um 20.15 Uhr Wittenberge passierte, war das Feuerwerk vorbei, doch ungeachtet dessen befanden sich immer noch eine Unzahl von größeren und kleineren Fahrzeugen auf dem Wasser.

Kapitän White legte den Maschinentelegrafen entschlossen auf ›Halbe Kraft‹, Lotse Krüger blickte angespannt nach vorne.

»Was wollen diese Boote alle im Hauptfahrwasser?«, fragte der Kapitän den Lotsen, seine Stimme klang unwillig.

»Ausflugsboote, Lustschiffe, lauter unnützes Gesindel. Die sind nur zur Volksbelustigung auf dem Wasser. Dieses Zeug kann einem Berufsseemann schon arg zusetzen. Glücklicherweise ist das Feuerwerk jetzt vorbei.«

Kapitän White schüttelte den Kopf. »Wie soll man da durchkommen? Da ist ja selbst beim Geburtstag unseres Königs weniger auf der Themse los.«

Lotse Kröger trat unruhig von einem Fuß auf den anderen. »Käpt'n, können Sie erkennen, was das für ein Fahrzeug ist, eben an Steuerbord voraus?«

Kapitän White blickte durch das Glas. »Schwer zu sagen. Es ist voll beleuchtet, zeigt aber keine Positionslampen. Vielleicht ein Ankerlieger, doch dann müsste er eine Lampe im Topp haben.«

»Vielleicht die Schute, von der sie gerade das Feuerwerk abgebrannt haben«, sagte der Erste Offizier, der ebenfalls nach vorne blickte.

Jetzt meldete sich wieder Kapitän White. »Wir sollten nicht zu nahe an den Schuten vorbeifahren, um die Leute nicht bei der Arbeit zu stören.«

Der Lotse drehte sich zum Rudergänger um. »Legen Sie das Ruder einen halben Strich nach Backbord.«

»Aye, aye, Sir!«

Erst passierte nichts, doch dann drehte das voll beladene Schiff schwerfällig zur nördlichen Elbseite hin.

Inzwischen waren sie dem vermeintlichen Ankerlieger so nahegekommen, dass der Lotse das Fahrzeug identifizieren konnte.

»Ach, das ist die *Königin Luise*, ein Seitenraddampfer, der den Fährverkehr zwischen Blankenese und Cranz bediente.«

Der Erste Offizier blickte erstaunt. »Seitenraddampfer? Merk-würdig, dass es so etwas heute noch gibt.«

Lotse Kröger registrierte zufrieden, dass die *Cornwood* inzwischen genügend Abstand zur *Königin Luise* hatte. Er wollte gerade wieder auf den ursprünglichen Kurs zurückgehen, da ging seine Zufriedenheit in Erstaunen und gleich darauf in Erschrecken über.

»Teufel, was macht der da? Der läuft uns genau vor den Bug.«

Kapitän White riss überrascht die Augen auf. »Was soll das? Der fährt rückwärts über die Elbe!«

Der Lotse griff nach oben und riss am Typhonhebel, Kapitän White zerrte den Maschinentelegrafen dreimal auf ›Volle Kraft Zurück‹ und rief gleichzeitig: »Ruder Hart Backbord.«

Das Maschinengeräusch erstarb, kurz war es still, dann zischte der Dampf wieder durch die Ventile und das gesamte Schiff erbebte unter den Schlägen der rückwärts arbeitenden Schraube. Doch ein voll beladenes Schiff zu stoppen, war nicht einfach, das dauerte seine Zeit, und diese Zeit blieb der *Cornwood* nicht mehr.

Georg war abgelenkt gewesen. Er hatte Hilda in ihrem langen weißen Kleid betrachtet, wie sie gegen eine der Stützen des Sonnensegels lehnte, zum Anleger Blankenese blickte und durch einen Spalt in der Zeit in eine andere Welt hinübergeschlüpft zu sein schien. Sein Herz klopfte überaus stark, er wollte sie in die Arme schließen, ihren Geruch einatmen, ihre Wärme spüren, da zerriss der drohende Ton eines Typhons direkt vor ihm die Nacht. Georg schwankte, er hatte das Gefühl, taub geworden zu sein. Doch das dumpfe Warnsignal war noch das wenigste. Viel schlimmer war, dass sich der hohe, scharfe Bug eines großen Schiffes auf ihn zuschob. Er hörte wieder das Typhon, dann Flüche und Gebrüll über sich und im gleichen Augenblick rammte der Steven des anderen Schiffes in die Seite der *Königin*

Luise hinein und blieb dort stecken. Die Schaufelräder splitterten und blieben abrupt stehen, der Ausflugsdampfer bekam Schlagseite, das Licht fiel aus, dann kam ein Teil des Sonnensegels von oben. Hinter sich hörte Georg das Kreischen der Frauen und das Fluchen der Männer, hunderte von Füßen trampelten hierhin und dorthin, doch das nahm er nur am Rande wahr. Er starrte auf Hilda, die immer noch dort stand, wo sie sich kurz zuvor gegen die Sonnensegelstütze gelehnt hatte. Doch die Stütze war weg, nur Hilda stand noch da. Sie machte einen Schritt nach vorne, Georg sah, dass sich auf ihrer linken Schulter ein dunkler Fleck ausbreitete, der schnell größer wurde. Er wollte zu ihr, wollte sie stützen, doch er verhedderte sich in den Seilen des herunter gebrochenen Segels und stürzte. Während er sich mühsam befreite, machte Hilda ein, zwei Schritte nach vorne, um sich auf der Reling abzustützen, doch da war keine Reling mehr. Für den Bruchteil einer Sekunde hing sie in der Luft, dann stürzte sie mit flatterndem Kleid in die Tiefe.

Jetzt endlich hatte sich Georg befreit. Er trat nach vorne blickte an der Bordwand herunter. Zwischen den Köpfen jener Fahrgäste, die in Panik über Bord gesprungen waren, trieb Hilda mit dem Gesicht nach unten, er konnte sie gut erkennen in ihrem weißen Kleid und dem großen dunklen Fleck an der Schulter. Er warf seine Schuhe von sich, holte tief Atem, hielt sich die Nase zu, dann sprang er.

Kapitän White, Lotse Kröger, der Erste Offizier und der Steuerer auf der Brücke der *Cornwood* konnten nur noch zusehen, wie das Unglück seinen Lauf nahm. Noch immer erzitterte das Schiff unter dem Stampfen der Maschine, doch unbeeindruckt davon fuhr das Schiff weiter voraus. Wieder und wieder zog der Lotse am Typhon, doch das war nur ein Akt der Verzweiflung, der nichts an der Katastrophe ändern konnte.

Als der Kohlenfrachter in das Ausflugsschiff hineinrammte, flogen Holzteile des Radkastens durch die Luft, Metall kreischte und brach mit lautem Knall, dann ging das Licht auf dem Kollisionsgegner aus und Teile seines Sonnensegels fielen auf die Leute, die dicht gedrängt auf dem Oberdeck standen.

Die Menge geriet in Panik, sie schwankte hierhin und dorthin, mehrere Personen fielen oder sprangen ins Wasser. Kapitän White wollte gerade seinen an Deck eilenden Matrosen den Befehl geben, die Boote auszusetzen, da legte ihm Lotse Kröger die Hand auf dem Arm.

»Das ist nicht mehr nötig, Kapitän«, sagte er mit ruhiger Stimme, »da sind schon genug Boote auf dem Wasser.«

Tatsächlich hatten die vielen kleinen Boote, die auf der Elbe kreuzten und sich nun auf dem Rückweg nach Blankenese befanden, ihren Kurs geändert und waren zur Hilfe gekommen. Die im Wasser Treibenden wurden an Bord gezerrt, soweit man ihrer habhaft werden konnte, eine Frau in einem weißen Kleid mit einem dunklen Fleck auf der Schulter war nicht dabei.

Doch ungeachtet dessen waren wohl noch hunderte von Menschen auf dem Ausflugsdampfer, der immer mehr Schlagseite bekam. Einige versuchten, sich auf die *Cornwood* hinüber zu retten, doch die Bordwand war zu hoch, sie konnten die Reling nicht erreichen. Da schwang sich einer der Matrosen des Dampfers außenbords, stellte sich auf die Flunken des Ankers und griff nach den Händen, die sich ihm entgegenreckten. Er reichte die Menschen weiter nach oben, wo die Mannschaft des Frachters sie auf die Back zogen. Kurz darauf stellte sich ein weiterer Mann auf den anderen Flunken. Jetzt waren sie zwar zu zweit, doch das konnte keine Lösung sein angesichts der Vielzahl an Menschen, die immer noch ziellos auf der *Königin Luise* hin und her rannten.

Auf der Brücke der *Cornwood* blickten sich Kapitän White und Lotse Kröger an. Sie waren beide tüchtige Nautiker, hatten vor Jahrzehnten ihr Patent gemacht, auch der Erste Offizier besaß das Kapitänspatent und der Mann am Ruder war ein erfahrener

Seemann. White und Kröger waren seelenverwandt, sie verständigten sich wortlos darüber, was zu tun war. Der Kapitän drückte den Maschinentelegrafen auf ›Langsame Fahrt Voraus‹, der Lotse stellte sich neben den Rudergänger.

»Sehen Sie den beleuchteten Anleger dort drüben?«

»Yes, Sir!«

»Links davon ist das Ufer recht flach. Dorthin werden wir den Ausflugsdampfer schieben.«

»Aye, aye, Sir.«

»Sie werden darauf achten, dass wir uns nicht vom Raddampfer lösen. Immer schön mit dem Steven in der Lücke bleiben. Wenn er nach der Seite ausschert, geben Sie Gegenruder. Aber nicht zu heftig, Sie müssen gefühlvoll steuern.«

Der Matrose lächelte. »Ich steuere immer gefühlvoll, Sir. Und heute ganz besonders. Dieser olle Raddampfer wird es nicht schaffen, sich davon zu machen.«

Kapitän White und Lotse Kröger standen angespannt in der Brückennock und beobachteten den Fortgang des Manövers.

»Ich hoffe, dieser alte Dampfer bleibt so lange an der Oberfläche, bis wir am Strand sind«, sagte der Lotse.

Kapitän White wiegte den Kopf. »Man kann nie wissen. Aber wenn er vorher absäuft, können wir noch einige Leute zu uns herüberholen. Meine Leute haben Netze nach außenbords gehängt, daran können sich die Schiffbrüchigen festhalten, wenn es nötig sein sollte.«

»Wir werden die nicht brauchen, Kapitän«, sagte der Matrose am Ruder mit einer fast unglaublichen Selbstsicherheit, »ich werde es schon schaffen.«

Sie schafften es dann doch nicht. Zwar hatte die *Cornwood* den Havaristen quer über die Elbe und schon ein gutes Stück zum Strand geschoben, doch dann stieß sie mit den Steven auf Grund und kam nicht weiter.

Der Kapitän ließ resigniert die Schultern sinken. »Es ist zwar nicht mehr weit zum Strand, aber das werden bei dieser Strömung nur gute Schwimmer schaffen. Die Frauen mit ihren langen Kleidern wohl kaum und die Kinder ohnehin nicht.«

Lotse Kröger hörte nicht hin. Er zermarterte sich den Kopf nach einer Lösung, aber auch ihm fiel nichts ein.

In diesem Augenblick kam Rettung von einer Seite, an die keiner gedacht hatte. Der Schlepper vom Taucher Harmstorf, der bei den Feuerwerksschuten vor Anker gelegen hatte, war unter Dampf gegangen und hatte die Verfolgung der *Cornwood* aufgenommen. Als der englische Frachter nicht mehr weiterkam, griff der Schlepperkapitän ein und schob die *Königin Luise* soweit auf den Strand, dass die Passagiere ins Wasser steigen und zu Fuß an Land gehen konnten.

Bereits eine gute Woche nach der Kollision verhandelte das Seeamt Hamburg über den Schiffsunfall zwischen dem Frachter *Cornwood* und dem Ausflugsdampfer *Königin Luise* mit 190 Passagieren an Bord. Diese kurze Zeitspanne zwischen dem Unfall und der Verhandlung war sehr ungewöhnlich, lag aber wohl an dem großen öffentlichen Interesse. Zunächst wurde mit Bedauern festgestellt, dass durch den Unfall drei Personen zu Tode gekommen waren, nämlich der Prokurist Georg Stanko, das unverehelichte Fräulein Hilda Fischer und ein weiterer weiblicher Passagier, deren Leichen recht schnell geborgen werden konnten. Des Weiteren mussten 13 Personen im Krankenhaus wegen einer Verletzung oder eines Schocks behandelt werden.

Bezüglich der Schuldfrage gelangte das Amt zur Überzeugung, dass der Kapitän der *Königin Luise* zwar den Fehler begangen hatte, im Rückwärtsgang den Kurs der *Cornwood* zu kreuzen, dass aber auch den englischen Frachter den Vorwurf trifft, bei dem regen Verkehr auf der Elbe seine Fahrt nicht weiter verringert zu haben. Andererseits, so das Seeamt, »ist die Geistesgegenwart der Führung des Dampfers ›Cornwood‹ höchst anerkennungswert. Den Entschluss, im Leck des Dampfers Königin Luise zu bleiben und ihn auf Strand zu schieben, haben Kapitän und Lotse gleichzeitig gefasst und durch dieses Manöver das Weg-

sinken des Passagierdampfers im tiefen Wasser und damit den Verlust vieler Menschenleben verhütet.«

In erster Linie erhob das Seeamt jedoch einen schweren Vorbehalt gegen das Abbrennen eines Feuerwerks an der Elbe, *»wobei nicht nur die Verwechselungsmöglichkeit einzelner Lichter ausschlaggebend ist, sondern die Blendwirkung des Ganzen, die geeignet ist, das Sichtvermögen zu beeinträchtigen und andere Lichter zu verdecken oder zu überstrahlen. Bei der Fülle von Lichtern, die ohnehin schon die Schifffahrt in diesem Revier erschweren, erscheint eine künstliche Vermehrung zum Zwecke der Volksbelustigung als untunlich und gefahrbringend.«*

Das Seeamt hob weiter hervor, dass insbesondere an Sonnabenden und Sonntagen, wenn besonders viele Seeschiffe auf dem Wasser unterwegs sind, das nur 300 m breite Fahrwasser bei Blankenese eine zusätzliche Menge von Schaulustigen auf Fahrzeugen aller Art nicht vertrage und dass die Elbe dadurch unnötig bevölkert wird, was zu einer schweren Belastung von Kapitänen und Lotsen führt.[5]

Das Wrack
am Falkensteiner Ufer I

Wittenberge bei Blankenese, nachmittags am 19. Dezember 1975

Der Schiffer Jan Thoms hatte ein Fenster im Ruderhaus hochgeklappt und blickte misstrauisch nach draußen. Die Luft war kalt, eigentlich zu kalt für die Jahreszeit, die Elbe dagegen noch warm, es roch nach Nebel. Hinter dem Ruderhaus blubberte der Schornstein, unten im Maschinenraum brummte der Motor, sonst war nichts zu hören auf dem Binnenschiff *Uwe* aus Hamburg, nur manchmal knarrte das Ruderrad, wenn der Schiffsjunge den Kurs korrigierte.

Der Schiffer hing seinen Gedanken nach. Knapp sechshundert Tonnen Pflastersteine hatten sie in Harburg an Bord genommen und die Hafenarbeiter hatten sich beeilt, noch bis Schichtende fertig zu werden. Thoms hoffte auf eine schnelle Reise. Vielleicht könnten sie die Steine morgen früh in Brunsbüttel noch löschen, obwohl es Sonnabend war. Oder sie blieben übers Wochenende im Hafen liegen, das war auch in Ordnung, dann konnte die Frau mit der Kleinen kommen.

»Bald ist es zappenduster«, sagte Heinz, der Junge.

Thoms fühlte sich in seinen Gedanken gestört.

»Kein Wunder, im Dezember ist es immer früh dunkel.«

Der Junge zog wegen des offenen Fensters demonstrativ die Jacke vor der Brust zusammen. »Kalt ist es hier. Man friert sich ja den Arsch ab.«

Der Schiffer gab sich unbeeindruckt. »Sei froh, dass wir hier auf der Elbe sind. Auf dem Mittellandkanal hätten wir schon Probleme mit dem Eisgang.«

»Warum musste ich nur Schiffsjunge auf einem Binnenschiff werden? Auf einem großen Frachter würde ich jetzt in den Tropen unter Palmen liegen. Und hätte ein hübsches Mädel im Arm.«

»Quatsch! Du würdest auf einer schwankenden Stellage außenbords stehen und Rost klopfen, während dir die Äquatorsonne das Hirn verdampft.«

Der Junge schwieg beleidigt, der Schiffer blickte wieder nach draußen. Das rechte Elbufer konnte er noch erkennen, doch in der Mitte des Flusses hatte sich Nebel gebildet, der immer dichter wurde. Thoms schaltete das Radargerät ein, doch noch war der Schirm dunkel, die Röhre brauchte immer etwas, bis sie warm wurde.

Der Junge blickte unwillig. »Wir brauchen kein Radar, wir können das Land doch sehen. Das da drüben ist der Anleger von Teufelsbrück und irgendwo da vorne muss Wittenberge sein.«

»Witzbold! Ich will nicht wissen, wo wir sind, ich will wissen, wer sich sonst noch auf der Elbe rumtreibt. Man sieht und hört ja nichts in dieser dicken Suppe.«

Schiffer Thoms blickte eine Weile auf das Radargerät, dann starrte er in den Nebel. »Ziemlich viel los auf dem Fluss. Wir haben einige Schiffe, die uns entgegenkommen. Und hinter uns ist einer, der wird uns wohl bald überholen.«

Er beugte sich aus dem Fenster, vor seinem Gesicht stand eine Atemwolke.

»Geh mal näher ans Ufer, Heinz. Hier ist ja ein Verkehr wie auf der Autobahn. Am besten, du hältst dich nahe an den Fahrwassertonnen. Aber immer schön davon frei bleiben, hörst du!«

Während der Junge am Steuerrad kurbelte, warf der Schiffer wieder einen Blick aufs Radar, dann starrte er in die Dunkelheit, die wie in schmutzige Watte getaucht war. Er schaltete das Radio ein und ging auf die Frequenz der Radarzentrale Hamburg. Der Empfang war schlecht, immer wieder rauschte und knarzte es im Lautsprecher.

Der Junge hielt sich demonstrativ beide Ohren zu. »Du meine Güte, was für ein schlechter Empfang. Das hält ja keiner aus.«

Thoms fand es unter seiner Würde, darauf zu antworten. Er ging ganz nahe an den Empfänger heran und horchte in den Sprechfunkverkehr hinein:

»Hallo, Radar Hamburg auf Frequenz 22. Hier ist die Wiedau, guten Abend.«

»Guten Abend, Wiedau.«

»Wir passieren gerade Teufelsbrück elbabwärts. Wie sieht es vor uns aus?«

»Wiedau, Sie haben ein entgegenkommendes Fahrzeug auf 200 Meter Abstand. Hält sich aber gut frei auf der Südseite.«

Schiffer Thoms drehte das Radio leiser, dann stellte er sich neben seinen Schiffsjungen. »Wir haben nur noch 50 Meter Sicht, Heinz. Ich übernehme das Ruder und du gehst nach vorne auf Ausguck. Du musst jede Minute an der Glocke ziehen, damit die anderen wissen, dass wir hier sind.«

Der Junge blickte unglücklich und auch etwas ängstlich. »Das finde ich gar nicht gut. Wenn uns einer rammt, dann steh ich da vorne ganz alleine. Dann bin ich der Erste, der ins Gras beißt.«

Jan Thoms legte seinem Schiffsjungen die Hand auf den Arm. »Du brauchst keine Angst zu haben, Heinz. Wir sind ganz am Rand der Fahrrinne, da traut sich kein Seeschiff hin.«

»Warum soll ich dann an der Glocke ziehen?«

»Weil es Vorschrift ist.«

»Wiedau, Sie stehen jetzt 50 Meter nördlich der Radarlinie. Sie müssen einen Bagger quer haben. Können Sie den sehen?«

»Hier ist die Wiedau. Haben Sie gerufen, Radar Hamburg?«

»Können Sie den Bagger noch sehen? Oder wie dick ist die Sicht bei Ihnen?«

»Den Bagger können wir gerade noch sehen, ja.«

»Radar Hamburg auf Kanal 22 von der Mieczyslaw Kalinowski.«

»Mieczyslaw Kalinowski, ich habe Sie verstanden.«

»Ich bitte um Beratung. Hier ist die Sicht gleich null.«

»*Kalinowski, Sie haben ein entgegenkommendes Fahrzeug, es ist knapp nördlich der Radarlinie … Kalinowski, haben Sie das mitbekommen: ein gegenkommendes Fahrzeug!*«

»*Ja, ich bin auf Empfang und höre genau mit. Bin gut im Bilde hier.*«

»*Kalinowski, Sie können noch etwas mehr Nord steuern. Sie stehen ziemlich südlich der Radarlinie.*«

Schiffer Thoms horchte angespannt nach draußen. Kein Geräusch zu hören, kein Dampfertuten, keine Schiffsglocke, nur das Blubbern des eigenen Schornsteins. Der Junge stand auf der Back, er hatte den Kragen seiner Jacke hochgeschlagen und rieb die Hände gegeneinander.

»*Hier ist die Wiedau. Ich habe da eine Schute oder so etwas Ähnliches an Steuerbord. Wer ist das?*«

»Schute?«, empörte sich Thoms. »Wir sind ein Binnenschiff, du Arsch!«

»*Hallo Wiedau. Den neben Ihnen, den kenn ich nicht, den habe ich nicht in der Beratung. Vor Ihnen, das ist die Kalinowski, die ist jetzt direkt auf der Radarlinie. Sie stehen 50 Meter nördlich der Radarlinie.*«

»*Hallo Radar Hamburg, hier Irma Grebe. Erbitte Radarberatung. Es ist hier dick wie in einer Waschküche.*«

»*Irma Grebe, ich habe schon sechs Schiffe in der Beratung. Mehr geht nicht. Warten Sie einen Augenblick, gleich kommt Verstärkung.*«

Jan Thoms ließ für einen Augenblick das Ruder im Stich und starrte aufs Radar. Ein heller Punkt, wahrscheinlich die *Wiedau*, war jetzt genau neben ihnen. Nicht weit entfernt davon sah er einen anderen Punkt, der sich bei jeder Umdrehung des Peilstrahls rasch näherte und genau auf das elbabwärts laufende Schiff zuhielt.

Das kann nicht gut gehen, dachte Thoms erschrocken, das sieht überhaupt nicht gut aus. Er lehnte sich weit aus dem Fenster und horchte. Es war wegen des dichten Nebels und der

Dunkelheit immer noch nichts zu sehen, auch nichts zu hören, nicht einmal das Schiff neben ihnen.

»Vorsicht, Heinz«, rief er nach vorne, »es riecht nach Ärger.«

Der Junge blickte zum Ruderhaus und drehte die Handflächen fragend nach oben. Im gleichen Augenblick war da ein Krachen und Bersten von Metall von der Flussmitte her zu hören, dann sah der Schiffer einen Funkenregen, der den Nebel zerteilte, gefolgt vom Schreien von Menschen.

Der Junge auf der Back stand steif vor Schreck. »Da sind zwei zusammengestoßen«, brüllte er nach achtern, »genau neben uns.«

Gut, dass wir nicht in der Gefahrenzone sind, dachte der Schiffer. Er hastete ans Mikrofon und drückte die Taste.

»*Radar Hamburg, Radar Hamburg, hier Binnenschiff Uwe. Große Kollision bei Wittenberge! Große Kollision bei Wittenberge!*«

»*Kollision bei Wittenberge? … Wiedau bitte melden, Wiedau bitte melden.*«

»*…*« Knarzen aus dem Lautsprecher.

»*Kann sich die Kalinowski mal melden?*«

Wieder knarzen, dann: »*… ein Schiff von denen habe ich kollidiert …*«

»*Hier Radar Hamburg, hier Radar Hamburg! Ist die Wiedau noch auf Empfang?*«

Die *Wiedau* konnte sich nicht melden, denn der doppelt so große polnische Frachter *Mieczyslaw Kalinowski* hatte sich in ihr Vorschiff gebohrt, die Steuerbordseite aufgeschlitzt und sie quer zum Fahrwasser herumgerissen. Die beiden Schiffe trennten sich schnell. Die *Kalinowski* trieb noch ein Stück flussaufwärts, während die *Wiedau* mit fast unverminderter Geschwindigkeit direkt auf das nördliche Elbufer zufuhr.

Nachdem der Funkenregen in sich zusammengefallen war, sah Schiffer Thoms nichts mehr von den beiden Schiffen. Es war ihm, als hätte er einen Alptraum gehabt, wenn da nicht immer noch das Schreien der Menschen gewesen wäre und jetzt auch das Dröhnen der Typhone.

»Heinz, zieh an der Glocke! Zieh wie verrückt an der Glocke. Die sollen hören, dass da noch einer ist.«

Das war zwar durchaus gut gemeint, doch das rettete die *Uwe* nicht. Schiffer Thoms sah einen Schatten, der sich aus dem grauen Nebel schälte und sich seinem Schiff schnell näherte. Auf der Back hing ein Mensch in einem Gewirr von Metallgestänge eingeklemmt, sein Schreien war in ein Wimmern übergegangen.

»Heinz, der rammt uns! Setz das Boot aus. Schnell!«

Der Junge reagierte sofort, wahrscheinlich hatte er den Havaristen auch schon gesehen. Doch statt sich um das Boot zu kümmern, riss er die Luke zum Niedergang auf und polterte die Treppe hinunter.

Der Schiffer hielt vor Schreck die Luft an. »Was machst du da, du Idiot? Komm sofort nach oben!«

Keine Bewegung auf dem Vorschiff.

Die Stimme des Schiffers überschlug sich. »Komm sofort an Deck. Das ist ein Befehl! Willst du da unten versaufen wie eine Ratte?«

Einen Augenblick später, die *Wiedau* war nur noch zwanzig oder dreißig Meter von der *Uwe* entfernt, stand der Junge wieder an Deck, er hatte seinen Hund unter den Arm geklemmt. Er warf das Tier ins Boot, ließ es zu Wasser und sprang hinterher. Er arbeitete schnell und konzentriert, doch leider hatte er vergessen, eine Leine am Schiff festzumachen. Das Boot trieb achteraus, der Junge ruderte hektisch, er wollte seinen Schiffer abzuholen, doch der Wind und die Strömung waren stärker als er.

In diesem Augenblick krachte die *Wiedau* in das Binnenschiff und schnitt es fast ganz durch. Der Schiffer wurde zu Boden geschleudert, doch schnell rappelte er sich wieder auf. Was er sah, trieb ihm die Tränen in die Augen: Die *Uwe* hatte sich in der Mitte gesenkt, doch noch steckte die *Wiedau* in dem Loch, das sie gerissen hatte und hielt sein Schiff über Wasser. Thoms stand starr vor Schrecken, er war unfähig sich zu bewegen. Er blickte erst über sein Schiff, dann auf den Jungen, der bereits ein ganzes Stück achteraus verbissen ruderte, und schließlich auf den Frachter, der ihn gerammt hatte, und von dem Schmerzensschreie zu ihm herüber schallten.

Ganz langsam, fast in Zeitlupe, bekam die *Wiedau* Schlagseite und gab die Öffnung des *Uwe* frei, eine Öffnung mit geknickten Spanten und verbogenen Schiffsblechen. Die Elbe strömte jetzt mit Macht ins Innere des Binnenschiffs, das unter der Last der Steinladung auseinanderbrach. Sekunden später ragten nur noch die Back und das Heck aus dem Wasser.

Auch die *Wiedau* musste durch die beiden Kollisionen schwer beschädigt worden sein, sie fiel mit einem Mal ganz auf die Seite und schrammte am Heck des Binnenschiffs entlang.

Inzwischen stand das Wasser im Ruderhaus des *Uwe* kniehoch. Jan Thoms spürte eine Eiseskälte und der Gedanke, dass er gleich ins Wasser springen müsste, ließ ihn zurückschrecken. Der Gedanke an einen Bericht blitzte in ihm auf: Die Überlebenschancen in kaltem Wasser betragen weniger als sechs Minuten.

Doch noch gab es Hoffnung, denn er war nicht allein. Die Besatzung der *Wiedau* hatte sich auf die noch aus dem Wasser ragende Bordwand ihres Schiffes gerettet, die Schreie des eingeklemmten Mannes auf der Back waren jedoch nicht mehr zu hören, weil man unter Wasser nicht schreien kann. Doch nicht nur die Schreie waren verstummt, es war überhaupt nichts zu hören in diesem dicken Nebel bis auf das Wasser, das in die *Wiedau* strömte.

Jan Thoms stemmte die Ruderhaustür auf, konzentrierte sich, dann sprang er mit einem riesigen Satz auf den Kollisionsgegner hinüber. Doch die Rettung war trügerisch. Er glitt auf den rutschigen Stahlplatten aus und wäre ins Wasser gefallen, hätte ihn nicht eine Faust an der Jacke gepackt und ihn wieder hinaufgezogen.

»Danke«, keuchte der Schiffer.

»Keine Ursache«, sagte der Mann neben ihm mit dumpfer Stimme, »aber lange wirst du hier nicht bleiben.«

Thoms begehrte auf. »Wieso? Ich bleibe hier, bis jemand mit einem Boot kommt.«

Der Mann zeigte auf die Schiffsseite, deren Fläche merklich kleiner geworden war und auf der die Männer immer enger zusammenrücken mussten. »Der Dampfer sinkt. In ein paar Minuten liegen wir alle im Wasser.«

Recht hatte er, denn es wurde ziemlich schnell ungemütlich auf dem Havaristen. Die Leute lagen zwar noch mit dem Oberkörper auf den Stahlplatten, doch ihre Beine waren bereits vom Wasser umspült.

Mitten zwischen den Männern richtete sich einer in Uniform auf, der Kapitän vielleicht oder ein Decksoffizier. »Leute, wir können hier nicht bleiben, sonst werden wir durch den Sog unter Wasser gezogen, wenn das Schiff sinkt. Dort drüben ist der Anleger Teufelsbrück, bis dahin müssen wir es schaffen.«

Jan Thoms blickte zum Anleger, der von einigen Lampen beleuchtet war. Es war zwar eine gute Strecke bis dorthin, aber das müsste zu schaffen sein, trotz der Kleidung. Doch der Gedanke an das eisige Wasser ließ ihn zögern. Den anderen Männern ging es offensichtlich ähnlich, denn niemand rührte sich. Da stand der Uniformierte auf und ging mit sicheren Schritten die Bordwand hinunter. Als ihm das Wasser bis zu den Hüften reichte, ließ er sich fallen und schwamm mit zügigen Bewegungen Richtung Ufer.

Das war das Zeichen für die anderen Männer. Auch Jan Thoms rutschte in die Elbe, doch als er die Eiseskälte in seinen Kleidern spürte, nahm es ihm fast den Atem. Hinter sich hörte er ein Rauschen und als er sich umblickte, war die *Wiedau* verschwunden. Sechs Minuten, dachte er immer wieder, sechs Minuten, um dem Tod von der Schippe zu springen.

Es war wirklich nicht weit, doch ziemlich schnell wurde das Schwimmen anstrengend, seine Bewegungen langsamer, das Gehirn gaukelte ihm Wärme vor, es wurde ihm heiß, er hatte das Gefühl, dass ihm der Schweiß auf der Stirn stand.

Endlich hatte er den Ponton erreicht, der sich einen knappen Meter vor ihm in die Höhe reckte. Wenn man oben stand, war das wohl nicht besonders hoch, doch jetzt merkte er, dass die Kante für einen Schwimmer unerreichbar war. Er suchte nach einer Leiter, einen Vorsprung, einen Ring, an den er sich klammern konnte – aber da war nichts. Er reckte sich noch ein letztes Mal im Wasser hoch, streckte die Hand aus, doch es war sinnlos. Die ganze Quälerei war sinnlos gewesen, sein Tod wohl schon längst vorbestimmt.

Mit starrem Blick trieb Jan Thoms am Ponton vorbei. Er wollte sich gehen lassen, wollte nicht mehr schwimmen, er hatte keine Kraft mehr – da sah er direkt über sich ein Gesicht. Ein Gesicht mit tiefen Augenhöhlen, mit großen Nasenlöchern, der geöffnete Mund zahnlos. Der Tod, blitzte es ihm durch den Kopf, es erschreckte ihn nicht. Merkwürdig nur, dass der Tod keine dunkle Kapuze übergestülpt hatte und keine Sense mit sich führte. Jetzt reckte sich ein Arm nach unten, eine knochige Hand krallte sich in seine Schulter. Natürlich, dachte Jan Thoms, der Tod musste die Sense beiseitelegen, mit einer Sense in der Hand kann man nicht nach seinem Opfer greifen. Er wollte sich nicht einfangen lassen, wollte den Tod abschütteln, sich lieber treiben lassen, vielleicht war es doch nicht so weit bis zum Ufer, aber die knochige Hand hielt ihn unbarmherzig fest.

»Nun wehre dich nicht so«, krächzte der zahnlose Mund, »wie soll ich dich sonst festhalten. Ich kann dich nicht hochziehen, mein Junge, dafür bin ich zu alt. Aber gleich kommen die Pfleger, die sind groß und kräftig, die schaffen das.«

Im Januar 1976 verhandelte das Seeamt Hamburg die Kollision zwischen den Frachtern *Wiedau*, *Mieczyslaw Kalinowski* und dem Binnenschiff *Uwe* auf der Elbe vor Wittenberge. Zunächst galt es, den Unfallhergang und insbesondere den Unfallort festzustellen. Bei ihrer Vorgehensweise dürften die Mitglieder des Seeamtes sicherlich mit Neid auf die Kollegen an Land geblickt haben, wenn diese einen Verkehrsunfall aufnehmen, denn an Land ist alles viel einfacher. Stoßen Kraftfahrzeuge zusammen, gibt es fast immer Scherben, Splitter, Plastik- oder Metallteile und Bremsspuren, also Hinweise, aus denen der Unfallhergang abgeleitet und der Unfallort bestimmt werden kann.

Wie anders sieht es jedoch bei einer Kollision aus. Ein Fluss fließt weiter und nimmt die Beteiligten mit sich und selbst wenn ein Unfallgegner sinkt, wird es nicht an der Stelle sein, an der die Kollision stattgefunden hat. Auch die See ist in ständiger Bewegung, das Wasser fließt durch Ebbe beziehungsweise Flut und durch die Einwirkung des Windes mal hierhin, mal dorthin. In den weitaus meisten Fällen stranden oder sinken die Schiffe nicht am Ort des Zusammenstoßes, sondern irgendwo, mehr oder weniger weit von der Kollision entfernt. Also ist man auf Zeugenaussagen der Betroffenen angewiesen, doch kann man sich auf solche Informationen noch weniger verlassen als im Straßenverkehr, denn »*erfahrungsgemäß sind Zeugen-Angaben in Bezug auf einen Kollisionsort nicht miteinander vereinbar*«, wie das Seeamt Hamburg feststellte.

Genau dies war auch das Problem, vor das sich das Seeamt bei der *Wiedau/Kalinowski*-Kollision gestellt sah. Die Frage, welches von den beiden Schiffen auf die falsche Seite des Fahrwassers geraten war, konnte nicht beantwortet werden, ein schuldhaftes Verhalten keinem der Beteiligten nachzuweisen. Einzig der Lotse von Radar Hamburg hätte dies beantworten können, aber der hatte noch weitere Schiffe in der Beobachtung und wendete sich im entscheidenden Augenblick den anderen Radarschirmen zu, da er das aneinander Vorbeifahren der *Wiedau* und der *Kalinowski* nicht für unfallträchtig erachtete.

Die *Mieczyslaw Kalinowski* hatte gleich nach der Kollision mit der *Wiedau* die Anker geworfen. Sie blieb in der Nähe liegen, setzte ein Boot aus, konnte den Unfallgegner jedoch im Nebel nicht finden. Nachdem der Kapitän des polnischen Frachters die Nachricht erhalten hatte, dass die Besatzung der *Wiedau* gerettet und die Elbe durch die Wasserschutzpolizei wieder freigegeben worden war, setzte er die Reise nach Hamburg fort.

Der Lotse und 21 Besatzungsmitglieder der *Wiedau* konnten gerettet werden, bis auf den türkischen Decksmann, der im Gestänge der Reling eingeklemmt war und mit dem Schiff unterging. Zwar hatte sich der leitende Maschinist mit einem Trennschleifer auf die Back begeben, um den Mann freizuschneiden, doch da er die Schutzbrille vergessen hatte, wollte er sie erst noch holen. Auf dem Weg zurück war das Schiff dann gekentert, so dass zur Rettung des Decksmanns nichts mehr unternommen werden konnte.

Zu einem besonderen Dank fühlte sich das Seeamt gegenüber den Helfern verpflichtet, die sich um die Rettung der im Wasser treibenden Personen bemüht hatten. Im spröden Amtsdeutsch steht im Verhandlungsprotokoll: »*Die den Schiffbrüchigen der* Wiedau *von den Bewohnern des Altenheimes Wittenbergen gewährte Hilfeleistung ist anzuerkennen.*«

Die *Wiedau* wurde im März 1976 gehoben und abgewrackt. Auch der vordere Teil des Binnenschiffes wurde ans Ufer geschleppt und dort zerlegt. Da der hintere Teil der *Uwe* für den Heberponton zu schwer war, zerrte man ihn ans Falkensteiner Ufer – wo er heute noch liegt und wo die Schrift *Uwe Hamburg* am Heck des Wracks in regelmäßigen Abständen erneuert wird.[6]

DIE ELBE BEI BRUNSBÜTTEL UND DER NORD-OSTSEE-KANAL

DIE ELBE BEI BRUNSBÜTTEL UND DER NORD-OSTSEE-KANAL

Bei Brunsbüttel mündet der Nord-Ostsee-Kanal in die Elbe, was eine große Herausforderung für den Schiffsverkehr bedeutet, weil die Schiffe, die in den Kanal ein- oder ausfahren wollen, das Hauptfahrwasser der Elbe kreuzen. Zusätzlich liegen Fahrzeuge auf der Süd- und auf der Nordostreede auf Warteposition oder um einen Lotsen zu übernehmen beziehungsweise abzusetzen. Nicht selten herrscht Nebel in diesem Seegebiet. Das stellt schon an sich eine starke Herausforderung für die Elblotsen dar, die aber dadurch verstärkt wird, dass sie Schiffe zu navigieren haben, deren Fahreigenschaften sie nicht kennen. Besonders belastend ist es, wenn sie auf Schiffen sogenannter Billigflaggen eingesetzt sind, also auf alten Schiffen und auf solchen, die schlecht gewartet worden waren.

So kam es am 18. September 1976 bei Nacht und aufkommendem Nebel vor den Brunsbütteler Schleusen zu einem Zusammenstoß zwischen dem saudi-arabischen Motorschiff *Alhada* und dem ausweichpflichtigen zyprischen Motorschiff *Massys*, weil auf der *Massys* das Typhon nicht funktionierte, der Umdrehungsanzeiger der Maschine nicht beleuchtet war, sodass der Lotse die Schiffsgeschwindigkeit nicht einschätzen konnte, das UKW-Gerät nicht betriebsbereit war, die Brücke nicht ausreichend bemannt und der Anker nicht klar zum Fallen gemacht worden war, »*alles erschwerende, auf ausländischen Schiffen nicht ganz ungewöhnliche Verhältnisse*«, wie der Bundesbeauftragte bei einer Seeamtsverhandlung feststellte.

Doch auch in den Schleusen selbst ging es nicht immer ohne Schrammen ab. Es wurden die Schleusentore gerammt und beschädigt, weil die Lotsen die Schiffe nicht rechtzeitig stoppen konnten. So am 19. August 1977, als der Lotse die Maschinenleistung des nur 2.200 BRT großen, aber 7.000 PS starken türkischen Motorschiffs *Kaptan Saint Özege* unterschätzt hatte. Der verursachte Schaden am Schleusentor betrug DM 180.000.

Im Nord-Ostsee-Kanal (früher Kaiser-Wilhelm-Kanal) war alles geregelt, hier sollte es eigentlich nicht zu Schiffsunfällen kommen. War der Wasserweg an einigen Stellen zu schmal für zwei einander entgegenkommenden Schiffe, hatte man Weichen eingerichtet und mit Signalzeichen versehen, um eine einspurige Verkehrsführung zu gewährleisten. Doch all die Vorkehrungen nützten nichts, wenn menschliches Versagen im Spiel war. Und so kam es zu Unfällen, wie man sie auch aus dem Straßenverkehr kennt.

Am 31. Dezember 1973 stießen *Gala* und *Susan Miller* zusammen, weil sich die *Susan Miller* an einer Weiche an den vor ihr fahrenden Schiffen vorbei zu drängen versuchte *(unberechtigtes Überholmanöver)*.

Am 1. Oktober 1974 stieß der Frachter *Uthörn* mit dem polnischen Motorschiff *Bronsislaw Lachowicz* zusammen und kollidierte danach mit dem Frachter *Windrose*. Der Grund: Die *Uthörn* hatte sich im Nebel nicht auf der rechten Fahrwasserseite gehalten (Geisterfahrer).

Weitere Unfälle ereigneten sich, wenn ein Lotse die Geschwindigkeit des vorausfahrenden Schiffes falsch einschätzte, dadurch zu schnell von achtern auflief und dann sein Schiff nicht mehr stoppen konnte (zu knappes Auffahren auf den Vordermann).

Das Wrack am Falkensteiner Ufer II

Im September 1917 saßen zwei kräftig gebaute Männer im Dorf Dragsfjärd im schwedischen Teil Finnlands in der Sauna und schwitzten. Sie sprachen wenig miteinander, obwohl sie befreundet waren, jeder hing seinen Gedanken nach.

»Noch einen Aufguss?«, fragte Konstantin Eriksson, der Sägewerksbesitzer.

Aki Kimito nickte.

Der Dampf, der sich über den Köpfen der beiden Männer sammelte, schien sich durch die Schwere ihrer Gedanken dunkel zu färben.

»Dieser Scheißkrieg«, sagte Eriksson, »macht uns unsere Geschäfte kaputt.«

Kimito nickte schwermütig. »Ich habe *skogsegendom,* ich bin Waldbesitzer, aber ich kann meine Holzfäller bald nicht mehr bezahlen, weil niemand mein Holz kauft.«

»Mir geht es nicht anders, Aki. Keiner will gesägte Balken und Bretter haben. Meine Männer sitzen den ganzen Tag herum und langweilen sich. Man hätte in ein Hüttenwerk investieren müssen. Eisen wird wie verrückt gekauft, um daraus Kanonen zu gießen.«

»Eisen kann man nicht anbauen.«

Eriksson nahm das Reisig und peitschte sich den Rücken. »Du könntest deinen Wald fällen und bei mir abliefern. Ich säge daraus Bretter und dann versuche ich, sie weiterzuverkaufen.«

Kimito blickte misstrauisch. »Kannst du die Stämme bezahlen?«

»Nein.«

»Hast du einen Kunden?«

»Nein. Aber ich lasse mir etwas einfallen.« Eriksson öffnete die Tür. »Ich gehe jetzt zum See hinunter. Ich habe die besten Ideen, wenn ich im kalten Wasser schwimme.«

Dass mit dem Schwimmen war reichlich übertrieben. Eriksson platschte wie eine Seekuh ins Wasser, prustete wie ein Wal, tauchte zwei-, dreimal unter, kam dann mit einem Lächeln zur Sauna zurück, wo ihn sein Freund mit einem Schnaps erwartete.

»Aki, wir werden Reeder«, rief Eriksson schon auf halbem Weg, »wir werden ein Schiff bauen, einen hölzernen Segler. Wir gründen eine *herrskapsrederi*, eine Partenreederei.«

»Wie willst du ein Schiff bauen, Konstantin? Du bist Sägewerksbesitzer und kein Schiffbauer.«

»Stimmt! Aber ich habe in meinem Betrieb einige ehemalige Schiffszimmerleute, die arbeitslos geworden waren, als der Holzschiffbau zu Ende ging.«

Kimito schien noch nicht überzeugt zu sein. »Konstantin, ich habe viel mehr Holz, als man für einen Fischkutter braucht. Ich habe einen ganzen Wald!«

Eriksson breitete die Arme aus. »Gut so, Aki. Wir werden das größte Schiff bauen, das jemals in Finnland vom Stapel lief.«

»Für ein Schiff muss man nicht nur Holz haben. Man braucht auch Eisen für Beschläge und für die Anker.«

»Wir werden Magnusson mit seiner *Dalsbruk* ins Boot holen. Der kann die Eisenarbeiten machen. Der schwimmt in Geld, der sucht ständig nach Anlagemöglichkeiten.«

Der umtriebige Konstantin Eriksson verlor keine Zeit. Bereits zwei Monate später wurden die Bäume gefällt, zum Sägewerk geflößt und zu Balken und Brettern gesägt. Die Arbeiter schichteten das Holz zum Trocknen auf, währenddessen kümmerte sich Eriksson um ein geeignetes Grundstück in der Nähe von Dagsfjärd, das er »Skimmarvik varv«, die Skimmarvikwerft nannte.

Im Herbst 1918 war das Holz so weit getrocknet, dass mit dem Bau begonnen werden konnte. Ein Jahr später, am 29. November 1919, ließen die Besitzer den Neubau vom Stapel. Eriksson, Kimito und Magnusson tauften das Schiff auf den Namen *Polstjernan*, der Polarstern.

Nachdem der Innenausbau beendet war, schleppte man den Rumpf im August 1920 nach Stockholm, wo die stählernen Masten und die Maschinenanlage eingebaut wurden. Die Segel lieferte eine dänische Firma.

Im Dezember 1920 schließlich ging die *Polstjernan*, Heimathafen Mariehamn, für die *Rederi Polstjernan AB* unter Kapitän Lagström in Fahrt. Sie fuhr meist mit einer vollen Ladung aus der Ostsee in die Nordsee und wieder zurück. Die windige Ecke um Dänemarks Nordspitze bei Skagen brauchte die *Polstjernan* nicht zu umrunden, denn sie war ja ein Segler mit Maschinenkraft, also ein Motorfahrzeug, das den Nord-Ostsee-Kanal befahren durfte, was die Reisen schneller und sicherer machte. Glücklicherweise war der Große Krieg im Jahre 1918 zu Ende gegangen, sodass die Handelsschifffahrt wieder möglich war, wenn auch nur in den geräumten Bereichen, der zehntausenden von Seeminen wegen, die immer noch auf vorbeifahrende Schiffe lauerten.

Während der gesamten Zeit war Martti Mäkinen, der Maschinist, an Bord der *Polstjernan*. Zuvor war er übrigens Maschinist in Erikssons Sägewerk gewesen, der *Erste Ingenieur,* wie Eriksson häufig zu sagen pflegte, ohne dass sich dieser Titel in Marttis Gehalt niedergeschlagen hätte. Es gab übrigens nur einen Maschinisten im Sägewerk.

Martti war damals für die große Dampfmaschine zuständig gewesen, die über eine Transmission das Sägeblatt antrieb, aber auch für die Glühkopfdiesel, mit denen Schindeln geschnitten wurden und schließlich für den betagten russischen Traktor, der allerhand Macken hatte, jedoch auch den Vorzug, dass er selbst im kältesten Winter ansprang, sofern man die Schwungscheibe ausreichend schnell in Bewegung setzte.

Martti war verheiratet, weil alle Männer in seinem Alter verheiratet waren. Und er hatte ein Kind, weil alle Kinder hatten. Ein Kind reicht, hatte Anita, seine Frau, nach der Geburt der Kleinen gesagt. Er fand auch, dass ein Kind genug war.

Als ein Maschinist für die *Polstjernan* gesucht wurde, hatte er sich gemeldet. Fast seine gesamte Heuer schickte Martti Mäkinen seit dieser Zeit nach Hause, er selbst blieb an Bord. Seine Frau vermisste er nicht, sie ihn wohl auch nicht. Die Tochter hätte er schon gerne mal wiedergesehen, aber er hatte ja seine Maschinen, um die er sich kümmern musste.

Allerdings war er zu Anfang überhaupt nicht begeistert von dem gewesen, was er auf der *Polstjernan* sah. Ein hölzernes Segelschiff mit einer Maschinenanlage? Maschinen wurden in Stahlschiffe eingebaut und nicht in Holzschiffe. Es gab ständig Probleme mit der Vibration, nach jeder Reise mussten die Fundamente verstärkt werden. Doch es waren nicht nur die Fundamente, auch die Leitungen litten. Ständig leckte es irgendwo, es mussten Verschraubungen nachgezogen und Ventilpackungen ausgewechselt werden.

Andererseits hatte die *Polstjernan* eine moderne Maschinenanlage, was Martti begeisterte. Eine Vierzylinder-Zweitakt-Hauptmaschine, daneben ein Zweizylinder-Glühkopfmotor für den Strom, die Druckluft und die Pumpen an Bord. Die *Polstjernan* hatte ein richtiggehendes Maschinen-Kraftpaket im Bauch, das auch an Land Aufsehen erregt hätte.

An diesem 20. Oktober 1926 saß Martti am Steuerstand der Maschine und blickte müde vor sich hin. Er war schon endlos lange auf Wache und es lagen noch ein paar Stunden vor ihm. Doch so war es nun mal, wenn man durch den Nord-Ostsee-Kanal fuhr. Segeln war nicht erlaubt und auch nicht möglich, deshalb fuhr man mit Maschinenkraft. Was eben bedeutete, dass der Maschinist während der gesamten Zeit Wache hatte.

Martti stellte sich an die Brennstoffpumpe und führte die Hand zum Griff. Links, rechts, links, rechts, 600 Schläge, zweimal pro Wache, um das Rohöl aus den Bodentanks in den Hochtank über der Hauptmaschine zu befördern. Eine eintönige Arbeit, aber sie war nun mal notwendig. Während er den Hebel bewegte, blickte er auf den kleinen Petroleumtank über dem Hilfsdiesel, in dem der Brennstoff für die Positionslaternen gelagert wurde. Irgendwie schien es ihm, als wäre der Tank nicht gut gelötet, jedenfalls roch es im Maschinenraum seit einiger Zeit stark nach Petroleum. Und jetzt gerade roch es stärker als je zuvor.

Nun war genug gepumpt. Es war laut und stickig bei den Maschinen, Martti hatte das dringende Bedürfnis, an Deck zu steigen. Doch erst musste noch etwas anderes erledigt werden. Er nahm die Bodenplatte hoch, auf der er gestanden hatte, und blickte in die Bilge. Dort unten war Wasser zu sehen, was nicht ungewöhnlich war, denn Holzschiffe waren nie ganz dicht. Doch etwas beunruhigte ihn: Im Schein der Lampe bemerkte er eine ölige Schicht, die in den Regenbogenfarben schimmerte.

Martti setzte den Hilfsdiesel in Betrieb und kuppelte die Lenzpumpe ein. Dann stieg er an Deck und blickte an der Schiffseite hinunter. Das Bilgenwasser lief nach draußen, hinter der *Polstjernan* breitete sich auf dem Kanal ein dünner Ölfilm aus.

»Alles in Ordnung, Martti?«, fragte Kapitän Lagström.

Der Maschinist deutete nach achtern. »Wir haben ein Leck im Maschinenraum. Irgendwo läuft Petroleum aus. Man kann dort unten kaum noch atmen.«

»Habe ich auch schon gerochen. Wenn wir unser Holz in England abgeliefert haben, gehen wir in die Werft und lassen den Motor nachsehen.«

»Mir wäre es lieber, wenn wir die Maschine sofort abschalten würden.«

Der Kapitän deutet auf die nahen Ufer rechts und links des Kanals. »Das geht nicht, Martti. Hier im Kanal kann man nicht segeln. Und man darf es auch nicht.«

Martti wollte gerade etwas erwidern, da meldete sich der Lotse, der achtern neben dem Rudergänger stand. »Wir sind kurz vor der Brunsbüttel-Schleuse, Herr Maschinist. Sie sollten besser auf Position gehen. Gleich kommen Maschinenmanöver.«

Martti atmete tief ein, dann stieg er widerwillig in den Keller hinunter. Der Kanallotse legte die *Polstjernan* sanft an die Schleusenkaje. Martti ließ so lange die Schraube rückwärtslaufen, bis das Schiff keine Fahrt mehr machte. Er stellte die Hauptmaschine auf Leerlauf und stieg wieder an Deck.

Während sich der Wasserspiegel langsam und geräuschlos in der Schleusenkammer senkte, kam der Elblotse an Bord. Er blickte sich mit glänzenden Augen um, betrachtete wohlwollend die neuen, auf dem Segelbaum festgezurrten Segel und das gepflegte Holzdeck.

»Ich bin schon lange nicht mehr auf einem Holzsegler gewesen«, sagte er zu Kapitän Lagström, »es erinnert mich an frühere Zeiten als Matrose.« Er schnupperte in der Luft herum. »Es riecht hier allerdings nach Petroleum, Kapitän. Wenn Sie Petroleum geladen haben, müssen Sie die Flagge für feuergefährliche Ladung aufziehen.«

»Nein, keine feuergefährliche Ladung. Aber eine Fracht, die gut brennt. Wir haben das ganze Schiff voll Kistenholz für England.«

Als sich die Schleusentore öffneten, machte sich Martti wieder bereit. In genau dem Augenblick, in dem er den Brennstoffhahn weiter öffnete und die Maschine hochfuhr, gab es tief im Schiffsinneren einen dumpfen Knall wie bei einer Grubengasexplosion im Stollen eines Bergwerks. Das Schiff vibrierte in seinen Verbänden, die hintere Ladeluke hob sich ein Stück an und fiel wieder zurück. Aus dem Lüftungsrohr stieg dicker Qualm, es roch nach verbranntem Holz.

Mit schnellen Schritten war Kapitän Lagström am Niedergang zum Maschinenraum.

»Martti! Was ist los? Bist du verletzt? Sag doch was.«

Der Maschinist hastete die Treppe hoch, er blickte verwirrt. »Ich habe eine Explosion gehört, Kapitän. Aber nicht im Maschinenraum. Bei mir ist alles in Ordnung.«

»*Polstjernan*«, rief der Schleusenmeister vom Kai herüber, »bei Ihnen brennt es. Haben Sie das nicht bemerkt?«

»Witzbold«, schnaubte Kapitän Lagström, »wie kann man das übersehen.«

»Wir wollen hier kein brennendes Schiff haben!«, schimpfte der Schleusenmeister. »Werfen Sie sofort die Leinen los. Verlassen Sie die Schleuse vor allen anderen.«

Ich will nicht in den Maschinenraum, dachte Martti, ich will nicht bei lebendigem Leib verbrennen.

Kapitän Lagström legte seinem Maschinisten die Hand auf die Schulter. »Du musst runtergehen, Martti. Es ist ja nur für einen Augenblick. Wenn wir aus der Schleuse sind, nehmen wir die Pumpen in Betrieb und löschen das Feuer, wo immer es auch sein mag.«

Im Maschinenraum roch es immer noch nach Petroleum, jedoch nicht nach Feuer. Als ›Langsam Voraus‹ signalisiert wurde, rückte Martti die Kupplung ein und drehte den Brennstoffhahn noch etwas weiter auf. Dann machte er sich daran, alle Leitungen, Schieber und Ventile nach einer Leckage abzutasten, nur unterbrochen durch die Signale ›Halbe Kraft Voraus‹ und ›Volle Kraft Voraus‹. Er konnte jedoch nichts Außergewöhnliches feststellen – außer dem Geruch natürlich.

Martti blickte ratlos. Er trocknete sich das Gesicht mit dem Schweißtuch ab, der Hitze im Raum wegen, es mochte auch etwas Angstschweiß dabei sein. Natürlich ist es im Maschinenraum immer heiß, dachte er, doch normalerweise nicht so heiß wie jetzt. Er zwängte sich zwischen den Hochtanks und den vielen Leitungen zum Schott zwischen dem Maschinenraum und dem angrenzenden Laderaum hindurch, dann stand er vor der glänzenden Wand. Wieso glänzt diese Wand, dachte er überrascht, Holzwände glänzen doch nur, wenn sie gelackt sind. Doch hier an Bord gibt es kein gelacktes Holz, außer dem Relingsgeländer, dem ganzen Stolz des Zimmermanns.

Martti strich mit den Fingern an der Wand entlang. Sie war

feucht, und heiß fühlte sie sich auch an. An seinen Fingern riechen musste er nicht, er spürte den öligen Film an den Händen: Petroleum! Im Halbdunkel tastete er herum, dann hatte er gefunden, wonach er suchte. Hinter dem Petroleumtank sprühte ein hauchdünner Strahl gegen die Holzwand, offensichtlich aus einer undichten Lötstelle.

Martti hastete die Stufen hoch, Sekunden später stand er vor Kapitän Lagström.

»Im Laderaum brennt es! Wir müssen die Maschine abstellen, sonst fliegt uns alles um die Ohren.«

Der Kapitän schüttelte den Kopf. »Das geht nicht, weil wir noch im Schleusenbereich sind. Wir müssen noch etwas weiter auf die Elbe hinaus, Martti. Doch du kannst die Hauptmaschine schon mal drosseln, denn die Leute ziehen gerade die Segel hoch. Aber lass den Hilfsdiesel in Betrieb, wir brauchen Druck auf den Pumpen, damit wir das Feuer löschen können.«

Martti zögerte, er wollte nicht wieder in den Raum hinuntersteigen, er fürchtete sich davor, und dieses Zögern rettete ihm das Leben. Denn in diesem Augenblick gab es eine heftige Explosion, über die Martti später sagte, dass es sich anhörte, als würde das gesamte Heck des Schiffes auseinanderbrechen. Das Oberlicht des Maschinenraums wurde aus der Verankerung gerissen, es schwebte für Sekundenbruchteile über dem Deck, dann kippte es über Bord. Eine Stichflamme stand über der Öffnung, die Hitzewelle ließ die Männer auf dem Achterdeck zurücktaumeln. Das Besansegel, das sich gerade entfaltet hatte, fing Feuer, es stand wie eine Fackel über dem Schiff. Die Druckwelle der Explosion warf Martti gegen die Reling, er hatte das Gefühl, mitten im Feuer zu stehen. Das ist das Ende, dachte er noch, dann war nur noch Dunkelheit um ihn herum.

Mit einem Mal waren da zwei Fäuste, die ihn hochrissen und zum Vorschiff schleiften. Er bekam einen Zuber eiskaltes Elbwasser über den Kopf gegossen, was angenehm war, denn sein Gesicht brannte wie Feuer.

»Du siehst so rot aus wie ein Indianer«, sagte der Zimmermann mit zusammengebissenen Zähnen, während er den Zuber an Deck stellte, »wie ein Indianer, der seinen Skalp im Kampf verloren hat.«

Martti betastete sein Gesicht. Es schien alles noch am rechten Fleck zu sein, doch von den Augenbrauen und dem Haaransatz war nicht mehr viel vorhanden.

»Schluss jetzt mit den Scherzen«, schimpfte Kapitän Lagström los, »her mit dem Zuber.«

Die Gefahr brachte Martti auf die Beine, doch was er sah, ließ ihn mutlos werden. Hohe Stichflammen schossen aus dem Maschinenraum und aus der Achterluke, was sollten da die paar Leute mit ihren Eimern ausrichten? Vorsichtshalber schielte er zum Rettungsboot, das weiter vorne auf dem Hauptdeck stand. Er war nicht der Einzige, der mit verlangenden Augen danach blickte.

Doch unbemerkt von der Besatzung der *Polstjernan* nahte Rettung in Form eines harten Wasserstrahls. Ein Schlepper hatte vom Brunsbüttel-Binnenhafen abgelegt, um dem brennenden Schiff beizustehen. Doch die Rettungsversuche blieben erfolglos, denn dort, wo das Wasser hinspritzte, erloschen die Flammen für kurze Zeit, um an anderer Stelle mit umso mehr Macht hervorzubrechen.

Schließlich änderte der Schlepperkapitän seine Strategie. »Alleine schaffen wir das nicht«, rief er zur *Polstjernan* hinüber, »doch wir können Sie nach Cuxhaven schleppen. Dort sind große Schlepper, die haben Feuerlöschspritzen an Bord, die könnten es schaffen.«

Kapitän Lagström stimmte zu. Eine Leine wurde herübergegeben und der Schleppzug setzte sich in Bewegung, eine dunkle Rauchwolke hinter sich herziehend. Inzwischen war man in Cuxhaven über das Feuer auf dem finnischen Segler informiert worden. Die Schlepper *Wotan*, *Titan* und *Goliath* kamen dem Schleppzug entgegen und erreichten ihn auf der

Höhe des Feuerschiffs *Elbe II*. Doch auch ihre Feuerspritzen konnten gegen die Ladung Kistenholz, die wie Zunder brannte, nichts ausrichten. Die *Polstjernan* musste bald aufgegeben werden. Die Besatzung stieg auf die Schlepper über, das Schiff wurde bei Grimmerhörn auf Grund gesetzt, damit das Wrack keine Gefahr für die Schifffahrt auf der Elbe darstellte.

Zwei Tage nach Ausbruch des Feuers berichtete die *Cuxhavener Zeitung* über den Brand: *»Nach Eintritt der Dunkelheit bot sich den zahlreich den Deich bevölkerndem Publikum ein schaurigschöner Anblick. Flackernd stiegen in immer kürzeren Abständen aus dem von dichten Rauchschwaden eingehüllten Rumpf hohe Feuersäulen zum nächtlichen Himmel empor. Zur Seite geneigt wie ein totwunder Riese liegt der Schoner hilflos da. Von den vier stolzen Masten ist einer völlig verschwunden, ein zweiter hängt gekickt in gefahrdrohender Schräglage. Das Achterschiff ist fast völlig vernichtet ... Über Nacht hat sich das Feuer weiter ausgebreitet. Heute Mittag waren vom Achterschiff nur noch die verkohlten und bis auf die Wasserlinie zusammengestürzten Schiffswände übriggeblieben. Der umgeknickte 3. Mast und seit kurzem auch der 2. Mast stehen bereits inmitten der Flammen.«*

Noch in Cuxhaven setzte Kapitän Lagström einen Bericht über den Seeunfall der *Polstjernan* auf und ließ ihn von der gesamten Mannschaft unterschreiben. Dieses Dokument, die Verklarung, war die Grundlage für die Auseinandersetzung zwischen der Reederei und den Ladungseigentümern. Danach fuhr die Besatzung mit dem Zug nach Hamburg und von dort über Kopenhagen nach Stockholm. In der schwedischen Landeshauptstadt bestiegen sie ein Schiff, das sie nach Mariehamn auf den Åland-Inseln bringen sollte, dem Heimathafen des Seglers. Aber einer fehlte, das war Martti, der wollte nicht wieder zurück nach Finnland. Stockholm dagegen gefiel ihm, hier könnte er als Maschinist leicht eines der großen Schiffe nach Übersee bekommen. Doch er wollte nicht mehr aufs Meer, er war einmal knapp mit dem Leben davongekommen, er wollte sein Schicksal nicht noch einmal herausfordern. Aber auf den kleinen, weißen Ausflugsdampfern zwischen den Schären als Maschinist zu fahren, das würde ihm gefallen.

Und die *Polstjernan?* Deren Ende am Strand von Grimmerhörn schien vorbestimmt zu sein, doch das Schiff wehrte sich gegen den Flammentod. Es brannte zwar bis zur Wasserlinie herunter, aber das Löschwasser der Schlepper und das eindringende Elbwasser verhinderten, dass auch das Unterwasserschiff ausbrannte. Nachdem sich die Flammen ausgetobt hatten, zog die Bergungsfirma *Taucher Harmstorf* das Wrack vom Strand und brachte es zu ihrem Betriebsgelände am Falkensteiner Ufer in Blankenese. Dort sollte es ausgeschlachtet werden, doch es gab nichts mehr auszuschlachten. Wenn das Schiff wenigstens aus Metall gewesen wäre, hätte man den Schrott verkaufen können. Aber Holz …?

Und so wurde die *Polstjernan* als Wellenbrecher gegen den Sog der vorbeifahrenden Schiffe erneut auf Grund gesetzt, diesmal am Strand von Blankenese. Um das Schiff in seiner Lage zu stabilisieren, packte Harmstorf nach dem Zweiten Weltkrieg zusätzlich Metallschrott in den Rumpf des Seglers.

Die Bergungsfirma Harmstorf gibt es nicht mehr in Blankenese, doch das Wrack der *Polstjernan* liegt auch heute noch, nach über 90 Jahren, dort. Wind, Wetter, Eisgang und Sturmfluten konnten ihm nichts anhaben, was fast ein Wunder ist, denn der Segler war nicht wie üblich aus Eiche, sondern aus Weichholz, aus finnischer Kiefer, gebaut worden. Doch offensichtlich sind diese langsam wachsenden Hölzer der nördlichen Breiten ebenso widerstandsfähig wie Eiche. Jedenfalls erfreut dieses Wrack, das wie ein Relikt aus dem Mittelalter aussieht, auch heute noch die Wochenendausflügler, die auf dem Elbwanderweg flanieren.[7]

ASHDOD GEGEN ROUMANIA

Brunsbüttel, Neue Schleuse, 7. Januar 1975

Klaus Wessing nahm die Monteurtasche vom Rücksitz seines Autos und ging damit durch den Zoll. Die Männer in der grünen Uniform waren mäßig interessiert, sie grüßten ihn, man kannte sich. Wessing stellte sich neben den Schleusenmeister, der das Einlaufen der Schiffe beobachtete.

Der Meister warf ihm einen kurzen Blick zu. »Sie da, die Firma Hagenuk ist mal wieder mit einem Reparaturauftrag unterwegs. Wohin soll's denn diesmal gehen?«

»Auf einen israelischen Frachter, auf die *Ashdod*. Bei denen ist irgendein Navigationsgerät ausgefallen. Wir konnten die Leute über Sprechfunk nicht so richtig verstehen.«

Der Schleusenmeister zeigte in Richtung Kanal. »Das da hinten ist der Israeli. Der kommt als vorletzter rein.«

Als der Frachter am Kai festgemacht hatte, wuchtete Klaus Wessing die schwere Monteurtasche zur Kommandobrücke hoch. »You have some problems?«, fragte er den Kapitän.

»Yes, we have. The radar is broken.«

Wessing blickte misstrauisch auf den altertümlichen Kasten, der seitlich am Fenster stand. Du meine Güte, dachte er, wo haben die denn dieses alte Ding ausgegraben?

Als er sich umdrehte, war der Kapitän nicht mehr da, dafür stand jetzt ein Mann in Offiziersuniform neben ihm. Wessing blickte kurz auf die Schulterklappen: ein Streifen, darüber ein goldener Blitz, also wohl der Bordelektriker.

»Ich bin hier für die Bordelektrik zuständig«, sagte der Offizier in reinem Deutsch.

Klaus Wessing fiel fast der Schraubendreher aus der Hand. »Sie sprechen Deutsch?«, fragte er überflüssigerweise.

»Meine Eltern haben mal hier gewohnt«, sagte der Mann mit tonloser Stimme, »ist aber schon länger her.«

Wessing hatte inzwischen die Verkleidung des Radargeräts abgenommen und blickte ratlos in das Innere. Ein so altes Teil war ihm noch nie begegnet, dabei hatte er schon viel in seinem Leben gesehen. Doch halt! Im kleinen Museum der Firma, das einer der Geschäftsführer in einem Anflug von Nostalgie eingerichtet hatte, gab es so ein Gerät. Der Meister hatte damals sogar die Verkleidung abgenommen und den Lehrlingen mit verklärtem Blick das Innenleben erklärt.

Der Bordelektriker hatte zwei Tassen Kaffee besorgt, jetzt schaute er zu, wie der Monteur der Firma Hagenuk beherzt in das Gerät griff.

»Wie alt sind Sie?«, fragte der Mann zwischen zwei Schlucken Kaffee.

Klaus Wessing wurde steif. Da war ein lauernder Tonfall in der Frage, der ihn vorsichtig werden ließ.

»36«, sagte er mit rauer Stimme.

Der Bordelektriker nickte bedächtig. »Sie brauchen sich nicht zu schämen. Sie waren doch damals noch so jung.«

Wessing tauchte in die Elektronik ein, er hatte da etwas entdeckt.

Mitten in seiner Arbeit kam die nächste Frage. »Wo war Ihr Vater während des Krieges?«

Wessing kam wieder hoch und wischte sich die Hände an der Hose ab. Diesmal erschreckte er sich nicht. Irgendwie hatte er die Frage erwartet, sie musste wohl kommen, auf einem israelischen Schiff, 30 Jahre nach Kriegsende. »Mein Vater war Kommunist. Sie haben ihn nach Buchenwald gebracht.«

»Meiner war in Bergen-Belsen.«

Die beiden Männer blickten sich an, keiner fragte den anderen, ob der Vater überlebt hatte.

Wessing knipste mehrere Drähte durch, dann holte er zwei Spulen aus dem Gerät. »Hier, schauen Sie: Alles schwarz, total verschmort. Dafür habe ich kein Ersatzteil, das müssen wir bestellen. Wenn es so etwas überhaupt noch gibt.«

Der Elektriker wog die Spulen kurz in der Hand, dann bückte er sich und griff nach einer Rolle dünnen Kupferdrahts in Wessings Tasche. »In Israel sind wir es gewohnt zu improvisieren. Wir könnten diesen Draht mit der Hand um den Magnetkern wickeln.«

Wessing stöhnte auf. »Das sind pro Spule 2.000 Wicklungen. Ganz stramm und eng beieinander. Das kann dauern …«

»Bestellen dauert sicherlich länger.«

Die beiden saßen sich gegenüber, sie sprachen nicht miteinander, sie waren damit beschäftigt, die Wicklungen zu zählen, jeder leise für sich, um den anderen nicht abzulenken.

363, 364, 365, 366 …

Schritte auf der Treppe, kurz darauf trat der Kapitän ins Ruderhaus, im Schlepptau einen Mann im Lotsenmantel.

»Sie müssen von Bord«, sagte der Lotse, »wir verlassen gleich die Schleuse, Sie können den Verkehr hier nicht aufhalten.«

Der Bordelektriker wechselte ein paar Sätze mit dem Kapitän auf Hebräisch, dann wandte er sich an den Lotsen. »Das Radar muss repariert werden. Kapitän Levin will nicht bis Haifa ohne Radar fahren.«

Der Lotse zog ärgerlich die Augenbrauen hoch. »Wie lange brauchen Sie?«

486, 487, 488 …

»Eine Stunde«, sagte Wessing, »vielleicht eineinhalb.«

Hinter der Brücke war der lange Ton eines Typhons zu hören, gleich darauf plärrte eine Lautsprecherdurchsage über die Schleuse: »*Ashdod, Ashdod!* Sie behindern die Ausfahrt. Geben Sie die Schleuse frei.«

»Wir legen uns auf die Nordost-Reede«, sagte der Lotse, »da ist Platz genug.«

Kapitän Levin blickte sich suchend um. »Wo ist die Reede?«

»Direkt hinter der Mole. Dort sind wir außerhalb des Fahrwassers und stören niemanden.«

Der Bordelektriker drückte Wessing den halb aufgewickelten Magnetkern in die Hand. »Genau 500 Wicklungen«, sagte er, »ich muss jetzt nach unten zum Maschinenleitstand.«

Wessing hörte auf zu zählen, er blickte über Elbe. Die Dämmerung war in die dunkle Nacht übergegangen, doch die Sicht war klar. »Wie komme ich nach Hause?«

»Das Lotsenversetzboot wird Sie abholen.«

Mit mäßiger Geschwindigkeit passierte die *Ashdod* die Schleusentore. Auf der Elbe war nichts zu sehen, nur flussaufwärts leuchteten die Topplaternen und das grüne Seitenlicht eines Dampfers.

Kapitän Levin blickte misstrauisch. »Ich will nicht, dass wir diesem Schiff vor den Bug laufen.«

Der Lotse war nicht interessiert, er blickte nicht einmal von seinem Kaffee hoch. »Das ist die *Roumania,* ein griechischer Frachter. Die wartet auf den Seelotsen. Bis die hier ist, sind wir schon längst um die Ecke.«

Mit dieser Aussage lag der Lotse der *Ashdod* jedoch falsch. Es war zwar die *Roumania,* doch sie hatte bereits den Lotsen an Bord genommen und machte sich mit Reisegeschwindigkeit auf dem Weg zur Elbmündung.

Yannis Vlachodimitris, der Kapitän der *Roumania,* ging hochkonzentriert im Ruderhaus auf und ab. Er kontrollierte den Kurs, peilte in der Nock die Feuer von Brunsbüttel an, dann wieder blickte er angestrengt ins Radargerät. Er war der jüngste Kapitän der Reederei, man hatte Vertrauen in ihn gesetzt, nun wollte er alles richtig machen, schließlich hatte man ihm das Schiff, die Ladung und das Leben der Mannschaft anvertraut.

Er ging nach draußen und stellte sich neben den Lotsen. »Sind das da vorne die Schleusen des Nord-Ostsee-Kanals?«

Der Lotse nickte bedächtig.

»Da kommt ein Schiff raus. Das kommt von Steuerbord. Also hat es Vorfahrt.«

Der Lotse schüttelte den Kopf, ungeachtet dessen, dass der Kapitän es nicht sehen konnte. »Nein, wir fahren im Hauptfahrwasser, wir haben Vorfahrt. Der andere muss warten, bis wir vorbei sind.«

Der Kapitän wischte nervös über die Mahagonibrüstung der Reling. »Hoffentlich wissen die da drüben das auch.«

Der Lotse bedachte den Kapitän mit einem Lächeln. »Die wissen das. Die haben doch auch einen Lotsen an Bord.«

Yannis Vlachodimitris schien das nicht zu beruhigen. Er fixierte immer noch die Positionslampen des anderen Frachters, dem sie inzwischen ein gutes Stück nähergekommen waren.

»Der kreuzt unseren Kurs«, sagte er mit Bestimmtheit in der Stimme, »der will vor uns auf die Südseite der Elbe.«

»Ich denke eher, dass er hier im Schleusenvorhafen wenden und sich auf die Nordost-Reede legen will. Wir sollten ihm etwas Platz machen, damit es nicht zu eng für ihn wird.«

Der Kapitän gab ein Kommando, der Matrose drehte das Ruder nach Backbord. Die *Ashdod* steuerte zwar ganz offensichtlich die Nordost-Reede an, doch durch die Flut und die eigene Geschwindigkeit getrieben, kam sie der *Roumania* schnell näher.

Jetzt wurde auch der Lotse nervös. »Was machen die da? Die können uns doch nicht vor den Bug laufen! Sind die betrunken?«

»Das geht nicht gut«, sagte Kapitän Vlachodimitris aufgeregt, »wir sollten noch weiter nach Backbord ausweichen.«

Der Lotse blickte kurz zur Südseite der Elbe. »Da ist genügend Platz, das ist die Wartezone für die Schleuse.«

Er zog an einem Hebel, ein langer, tiefer Achtung-Ton rollte über die Elbe, doch das andere Schiff blieb völlig ungerührt auf Kollisionskurs.

»Verdammt noch mal, die merken nichts«, brüllte der Lotse. »Ruder Hart Backbord! Maschine volle Kraft zurück!«

Der Bug der *Roumania* schwenkte herum, das ganze Schiff

vibrierte unter den Schlägen der rückwärts drehenden Schraube, der Kapitän zog hektisch am Typhon – doch es war bereits zu spät. Die *Ashdod* rammte mit ihrem Wulstbug in die Steuerbordseite der *Roumania* hinein, im Vorbeischrammen riss der israelische Frachter die Seite der *Roumania* auf einer Länge von zehn Meter auf wie mit einem riesigen Dosenöffner.

Beide Schiffe meldeten die Kollision an die Radarberatung Brunsbüttel, kurz darauf preschten die Boote der Wasserschutzpolizei, des Zolls und wenig später auch ein Schlepper zur südlichen Elbseite.

Auf der *Roumania* herrschte gespenstische Ruhe. Yannis Vlachodimitris hörte weit hinter sich eine Kette durch die Klüse rauschen, offensichtlich hatte die *Ashdod* Anker geworfen, doch das nahm er nur am Rande wahr. Er blickte an der Steuerbordseite seines Schiffs hinunter, auf die geknickten Spanten, die aufgerissenen Stahlplatten und auf das Wasser, das in sein Schiff strömte. Die Lukendeckel hatte man auseinandergezogen, der Zimmermann und der Erste Offizier waren mit Petroleumlampen in den Laderaum gestiegen.

Jetzt gerade kam der Erste Offizier wieder an Deck. »Wassereinbruch in Luke 2 und 3«, rief er zur Brücke hoch, »mit steigender Tendenz.«

Inzwischen meldete sich auch der Erste Ingenieur. »Wir pumpen und pumpen, aber gegen das viele Wasser kommen wir nicht an.«

Der Lotse hatte über UKW Kontakt zu den Hafenbehörden in Brunsbüttel aufgenommen. »Erbitte Genehmigung zum Einlaufen der havarierten *Roumania* in den Elbehafen von Brunsbüttel.«

»Haben Sie gefährliche Seefrachtgüter an Bord?«, fragte die Hafenverwaltung.

Kapitän Vlachodimitris bejahte.

»Keine Genehmigung!«, kam es über Funk.

Der Kapitän klammerte sich am Maschinentelegrafen fest, um einen festen Stand zu behalten, denn die *Roumania* hatte inzwischen eine Schlagseite von mehr als 10 Grad.

»Wie tief ist die Elbe hier neben dem Hauptfahrwasser?«

Der Lotse überlegte kurz. »Der Boden steigt schnell auf sechs Meter und dann auf drei Meter an.«

»Wir setzen das Schiff auf Grund. So können wir wenigstens einen Teil der Ladung retten. Und vielleicht auch das Schiff.«

Die gefährlichen Seefrachtgüter der *Roumania* waren 22 Fässer Natriumperoxyd, ein leicht entflammbarer, giftiger und ätzender Stoff, der in Verbindung mit Wasser heftig reagiert und bei Kontakt mit Magnesium zu einer Explosion führt. Die Fässer standen in Luke 3 im Wasser, in Luke 2 lagerten 4 Fässer mit Magnesiumpulver.

Am Abend des 8. Januar, einen Tag nach der Kollision, legten sich ein Bergungsschlepper und das Feuerlöschboot aus Brunsbüttel neben den Havaristen. Die Berger stiegen in den halb überfluteten Raum und machten sich an der Ladung zu schaffen.

»Erst die Fässer mit dem Magnesium«, rief der Führer des Löschboots in die Luke. »Arbeitet langsam und mit Umsicht, Männer. Ich will nicht, dass ihr in die Luft fliegt. Und ich habe auch keine Lust auf eine Flugreise.«

Einer der Berger betrachtete nachdenklich den stattlichen Körperumfang des Feuerwehrmannes. »Keine Angst, du fliegst nicht. So groß kann die Explosion gar nicht sein.«

Die Männer in der Luke lachten, der Feuermehrmann drehte sich beleidigt weg.

Ein Fass nach dem anderen wurde vorsichtig aus der Luke gehievt, zum Schlepper hinübergeschwenkt und dort ebenso vorsichtig abgesetzt. Letzteres gelang jedoch nicht immer, weil der Schlepper im Fahrwasser schwankte, sodass zwei Fässer mit ziemlicher Wucht an Deck krachten. In einem solchen Augenblick hielten alle an Bord der *Roumania* die Luft an, nur die hartgesottenen Berger nicht, Gefahr war deren Lebenselement.

Als diese schwierige Arbeit ohne weitere Zwischenfälle erledigt worden war, machten mehrere Werftbarkassen an der *Roumania* fest. Die Arbeiter richteten notdürftig die Spanten, oftmals bis zur Hüfte im kalten Wasser stehend, dann schweißten sie das Loch in der Außenhaut mit Eisenplatten zu und begannen, das Wasser in den Laderäumen abzupumpen.

Am 14. Januar, eine gute Woche nach der Kollision, zogen vier Schlepper das havarierte Schiff ins Fahrwasser zurück und geleiteten es unter Assistenz von zwei Elblotsen als außergewöhnlichen Schleppzug nach Hamburg in die Werft.

Die *Ashdod* hatte weniger Schäden davongetragen: Ihr Wulstbug war abgeknickt, was zu einem Wassereinbruch in die Vorpiek geführt hatte, mehr nicht. Kapitän Levin erhielt vom Wasser- und Schifffahrtsamt die Genehmigung, mit langsamer Fahrt in Begleitung eines Schleppers nach Hamburg zu fahren. Am 9. Januar wurde sie mit ihrer gesamten Ladung bei Howaldtswerke-Deutsche Werft eingedockt.

Kurz vor Ende der Werftliegezeit ging der Monteur der Firma Hagenuk wieder an Bord, im Koffer die Ersatzteile. Er hatte gerade das Gehäuse des Radargeräts abgenommen, da erschien der Bordelektriker mit Kaffee auf der Brücke. Er stellte das Tablett ab, dann holte er sich einen Stuhl aus dem Funkraum.

»Ziemlich üble Sache, das mit der Kollision«, sagte er über seine Tasse hinweg.

Klaus Wessing tauchte aus dem Gerät auf. »Ja, schlimm. Ich dachte, wir gehen unter.«

»Das Gefühl hatte ich auch. Ich war im Maschinenraum. Uns dort unten hätte es als Erste erwischt.«

Die beiden Männer blickten sich über die dampfenden Tassen hinweg nachdenklich an.

»Ich denke«, sagte Wessing, »dass der Lotse bald ein großes Problem haben wird.«

Der Bordelektriker nickte. »Kapitän Levin hat jetzt schon eines. Er wurde abgelöst und ist auf dem Weg nach Hause.«

Es war alles gesagt. Wessing nahm den Lötkolben und tauchte wieder in die Technik des Radargeräts ein. Nicht sehr viel später packte er sein Werkzeug zusammen, schaltete das Gerät ein und prüfte die Funktionen.

»Alles in Ordnung. Das läuft wieder. Die Reederei sollte es sich aber überlegen, irgendwann ein neues Radar anzuschaffen.«

Die beiden Männer gaben sich die Hand, der Bordelektriker hielt dem Monteur einen Zettel hin.

»Kommen Sie uns doch mal besuchen.«

Klaus Wessing schreckte zurück. »Ein Deutscher in Israel?«

»Warum nicht. Wir sind ein freundliches Volk – trotz allem. Haifa wird Ihnen bestimmt gefallen. Sie ist eine schöne, helle Stadt. Und viel wärmer als hier.«

Der Monteur faltete den Zettel sorgfältig zusammen und legte ihn in sein Auftragsbuch. »Vielen Dank. Ich werde darüber nachdenken.«

In der Verhandlung über den Zusammenstoß stellte das Seeamt Hamburg ein Fehlverhalten der *Ashdod* fest, weil sie unberechtigt den Kurs der herannahenden *Roumania* gekreuzt hatte. In seinem Urteil führte das Seeamt aus, dass »*die Verantwortung für das missglückte Manöver neben dem israelischen Kapitän, über dessen Verschulden das Seeamt nicht zu befinden hat, in erster Linie den Lotsen trifft. Er hatte den Kapitän so zu beraten, dass er die Vorschriften der Seeschifffahrtsstraßenordnung befolgte. Hier kam es auf die Beratung umso mehr an, als nur er aus langjähriger Erfahrung heraus abschätzen konnte, wie lange der Lotsenwechsel auf der ›Roumania‹ dauern würde. Bei der Beurteilung dieser Frage hat der Seelotse einen folgenschweren Fehler gemacht. Insofern trifft ihn ein Verschulden am Zustandekommen der Kollision.«*[8]

Gestrandet bei Kilometer 14,3

Nord-Ostsee-Kanal, 25. Juni 1977, zwei Uhr nachts

Tom Petersen fuhr sich übers Gesicht. Die Hand war nass, schweißnass. Doch nicht nur sein Gesicht war nass, auch sein ganzer Körper, wie es ihm schien. Nicht, dass er Fieber gehabt hätte, das nicht. Es war vielmehr der Angstschweiß, der ihm in den Kragen und den Rücken hinunterrann.

Der Schiffer, der draußen in der Nock stand, schimpfte mit einem Mal los. »Teufel, du Dummkopf, wo steuerst du jetzt wieder hin? Du sollst in der Mitte des Kanals bleiben!«

»Ich kann nichts sehen. Es ist stockdunkel. Und außerdem dicker Nebel.«

»Quatsch! Ich kann den Kanal doch auch sehen.«

»Ja, weil Sie draußen stehen. Aber hier im Ruderhaus sind die Scheiben beschlagen.«

Mit zwei, drei ärgerlichen Schritten war Schiffer Behrens neben dem Deckhelfer. Er blickte nach vorne. Zu sehen war tatsächlich nichts. Der Schiffer brummte in sich hinein, rülpste lang und anhaltend, danach roch es im Ruderhaus, als wäre ein Fass Rum umgekippt.

Der Schiffer tastete sich an den Fenstern entlang zum Radargerät. Er mühte sich ab, durch den Schlitz in der Gummihaube auf den Schirm zu blicken. Nach mehreren vergeblichen Versuchen schaffte er es schließlich.

»Nichts zu sehen«, fluchte er, »diese Kiste ist ihr Geld nicht wert.«

»Bin ich noch in der Mitte?«, fragte Tom.

»Woher soll ich das wissen? Ist ja nichts zu sehen.«

Der Schiffer wankte nach draußen, an der Türschwelle wäre er fast gestürzt. »Mehr Steuerbord, Dummkopf. Du sollst nicht in die Böschung fahren, habe ich gesagt!«

In der nächsten halben Stunde steuerte Tom ohne Sicht, nur nach den Angaben des Schiffers. Als er länger nichts hörte, stand ihm wieder der Schweiß auf der Stirn, weil er befürchtete, dass der Schiffer in der Nock eingeschlafen war.

Doch gerade jetzt meldete sich Behrens wieder. »Wir fahren nur noch bis zur Weiche Kudensee. Dort machen wir fest und warten, bis sich der Nebel verzogen hat.«

Inzwischen kamen die Kursangaben des Schiffers immer seltener. Tom blickte abwechselnd nach rechts und links durch die geöffneten Türen, schätzte den Abstand zum Ufer und versuchte, einigermaßen in der Mitte des Kanals zu bleiben. Hier fühlte er sich sicher. Vorausgesetzt, es kam ihm kein Schiff entgegen.

Toms Gedanken schweiften ab, zurück zum Beginn dieser Reise. Die *Lena Katharina* war sein erstes Schiff, ein betagter Kümo von gerade mal 175 Registertonnen, doch die Frau des Schiffers, die als Decksmann (als *Decksmann!*) angemustert hatte, war nett und auch Schiffer Behrens machte einen recht ordentlichen Eindruck. Außerdem fuhr das Schiff nach Dänemark, wo er noch nie gewesen war.

Apenrade hatte Tom wirklich gut gefallen. Sie hatten dort ein paar Tage gelegen, bis die Ladung gelöscht worden war. Eine andere Ladung war allerdings nicht zu bekommen, weshalb der Schiffer zurück zur Weser wollte, weil er sich dort ein besseres Geschäft versprach. Kurz vor der Abfahrt war dann die Frau des Schiffers von Bord gegangen, weil es zu Hause einen Krankheitsfall gegeben hatte. Damit änderte sich das Klima an Bord. Der Schiffer war fast immer gereizt, er roch häufig nach Alkohol und beschimpfte seinen unerfahrenen Deckshelfer als Dummkopf, weil er nicht so gut steuern konnte wie die eigene Frau.

Mitten in Toms Gedanken stand der Schiffer in der Ruderhaustür. Er schwankte heftig und musste sich am Türrahmen festhalten. »Ich geh in die Kajüte«, nuschelte er, »ich muss mal etwas nachsehen.«

Bevor Tom sagen konnte, dass die Sicht immer schlechter geworden sei, dass er ein unbefahrener Deckshelfer auf der ersten Reise war, der zuvor nie am Ruder gestanden hatte und dass er nicht wüsste, wie er sich verhalten sollte, wenn ihnen ein Schiff entgegenkäme, war der Schiffer bereits verschwunden.

Tom steuerte jetzt wieder auf Sicht, wenn man von »Sicht« sprechen konnte, in einem Ruderhaus mit beschlagenen Scheiben und bei Nacht und Nebel auf einem engen Kanal. Erzählungen von Freunden fielen ihm ein, die kürzlich den Führerschein gemacht hatten. Erzählungen von den ersten Fahrstunden, in denen es ihnen vorgekommen war, als würde die Straße immer enger werden, immer schmaler, bis sie zu einem Strich geschrumpft war, wogegen das Auto, in dem sie krampfhaft das Lenkrad umklammerten, breiter und breiter und die Motorhaube so hoch wurde, dass sie kaum noch die entgegenkommenden Autos erkennen konnten. Und genauso fühlte sich Tom jetzt an Bord der *Lena Katharina*.

Doch mit der Zeit wurde der Kanal wieder breiter – zumindest schien es Tom so – und die *Lena* schrumpfte auf ihre natürliche Größe zurück. Die Sicht war trotz des Nebels immerhin so gut, dass er die dunklen Umrisse des Ufers zu beiden Seiten sehen und deren Entfernung abschätzen konnte. Es machte sich in ihm sogar eine vorsichtige Leichtigkeit breit, so, als dürfte er das Gefühl nicht zulassen, dass er in der Lage war, ein Schiff in einem engen Revier zu steuern. Er, der unbefahrene Deckshelfer, ganz alleine, ohne den Schiffer.

Mit einem Mal überkam ihn die Gewissheit, dass er es doch nicht konnte. Nein, sie überkam ihn nicht, sie überfiel ihn in genau dem Augenblick, als er vor sich das Dröhnen eines Typhons hörte. Sofort stand ihm der Angstschweiß auf der Stirn, wieder klammerte er sich an das Ruderrad. Dieser Ton, dieses dumpfe Dröhnen, das durch Mark und Bein ging! Der Lärm konnte nur von einem großen Dampfer stammen und der Lautstärke nach zu urteilen, musste das Schiff direkt vor ihm sein.

Instinktiv drückte Tom das Ruderrad nach Steuerbord, die *Lena Katharina* fuhr im spitzen Winkel auf die Kanalböschung zu. Auf der anderen Seite, an Backbord, schälte sich eine dunkle Wand aus dem Nebel, ein riesiger Anker schrammte knapp am Ruderhaus vorüber, über sich hörte Tom wieder dieses Furcht erregende Heulen des Typhons, das die Scheiben klirren ließ, gefolgt von wütenden Stimmen.

Dann trat Stille ein. Der Spuk war vorbei, doch Tom war so erschüttert, dass er erschrocken zur Seite sprang, als die Schiffsuhr hinter ihm viermal glaste. Die *Lena Katharina* lag ganz ruhig, nur das Heck schwankte in den Wellen, die der große Dampfer erzeugt hatte. Der Bug schwankte jedoch nicht, denn das Vorschiff hing an der Kanalböschung fest. Tom blickte ungläubig zum Ufer, das vor ihm in die Höhe wuchs, dann traf ihn die Erkenntnis: Er hatte eine Strandung verursacht! Er hatte das Schiff auf Grund gesetzt. In Gedanken hörte er bereits das Rauschen des Wassers, das ins Schiff strömte, er spürte, wie die *Lena Katharina* immer tiefer sank, gleich würden er und Schiffer Behrens einen elenden Ertrinkungstod sterben und die Frau des Schiffers würde ihn für immer verfluchen.

Trotz der Tränen in den Augen schaffte es Tom gerade noch, die Motorsteuerung auf ›Ganz Langsam Voraus‹ zu stellen, damit sich die *Lena Katharina* nicht noch weiter in die Böschung hineinbohrte. Den Motor ganz auszustellen getraute er sich nicht, denn möglicherweise würde sich das Schiff dann quer in den Kanal legen und vom nächsten Frachter in zwei Teile geschnitten werden.

Er setzte sich in eine Ecke des Ruderhauses, zog die Beine an und schlang die Arme um die Knie. Das war also das Ende seines Berufs, in dem er gerade erst begonnen hatte. Eigentlich wollte er Schiffer werden, doch anstatt ein eigenes Schiff zu haben, würde er im Gefängnis sitzen, und wenn er tatsächlich irgendwann entlassen würde (was nicht sicher wäre), stünde Schiffer Behrens vor dem Tor, um ihm die Rechnung für ein neues Schiff zu präsentieren. Tom legte den Kopf auf die Knie, ließ seinen Tränen freien Lauf und wartete auf den Tod.

Der Tod kam um fünf Uhr morgens an Bord. Er trug genagelte Stiefel, die blaue Uniform der Wasserschutzpolizei und war etwas füllig.

»Nanu, wen haben wir denn hier?«, fragte er, als er ins Ruderhaus blickte.

Tom sagte nichts. Jetzt haben sie dich, dachte er resigniert, jetzt stecken sie dich ins Gefängnis.

»Wo ist der Schiffer?«

»Wohl in der Kajüte.«

»Und die anderen?«

»Wir sind nur zu zweit an Bord.«

Der Mann polterte die Treppe hinunter, doch kurz darauf war er wieder an Deck, wo er sich demonstrativ Frischluft zuwedelte.

»Rupert«, rief er zur Böschung hinauf, »der Schiffer liegt stinkbesoffen in der Koje, den kriegen wir nicht wach. Ruf die Verkehrslenkung an, dass wir den Kümo bei Kilometer 14,3 gefunden haben und dass sie einen Schlepper schicken sollen. Und jemand soll den Arzt holen, den brauchen wir für eine Blutprobe.«

Tom hörte das Schlagen einer Autotür, dann knatterte ein VW davon.

Der Polizist kam ins Ruderhaus zurück. Er griff in seine Tasche. Die Handschellen, dachte Tom. Doch es waren keine Handschellen, es waren ein Notizbuch und ein Stift, die der Polizist zu Tage förderte.

»Also, junger Mann, dann wollen wir mal. Zunächst Name, Dienstgrad und Adresse.«

Tom antwortete stockend.

»Und jetzt zum Schiffer. Der hat ja wohl während der Wache getrunken.«

»Ach nein. Vielleicht zwei, drei Bier, mehr nicht.«

»Na hör mal! Danach kann man nicht so besoffen sein, dass man sein Schiff in die Böschung fährt und bewusstlos in die Koje fällt.«

»Also: Wir waren gestern Abend in Rendsburg. Dort haben wir Öl gebunkert. Da ist der Schiffer an Land gegangen, hat zu Abend gegessen und mit ein paar Leuten gefeiert. Jedenfalls hat er es mir so erzählt. Es gab wohl einige Runden Bier und Schnaps. Als er wieder an Bord kam, hat er ziemlich geschwankt.«

Die Schlepperbesatzung besichtigte das Schiff und stellte fest, dass es durch die Strandung keinen Schaden genommen hatte. Sie zogen die *Lena Katharina* von der Böschung herunter, nahmen sie auf den Haken und schleppten sie nach Brunsbüttel. Kurz nach sieben Uhr kam der Arzt an Bord. Er trug einen Trenchcoat, die Haare standen ihm vom Kopfe ab, er sah müde aus. Die erste Blutprobe ergab 2,46 Promille, eine 20 Minuten später genommene immer noch 2,41 Promille. Gegen acht Uhr war der Schiffer erstmals ansprechbar. Er wurde von der Wasserschutzpolizei ermahnt, erst nach einer vollständigen Ausnüchterung weiterzufahren.

Um 10.30 Uhr legte die *Lena Katharina* von ihrem Liegeplatz ab und wollte in die Nordschleuse einlaufen, doch die Wasserschutzpolizei hatte den Kümo im Auge behalten. Der Schlepper *Hohenhörn* griff sich das Schiff und brachte es zum ursprünglichen Liegeplatz zurück. Im Anschluss daran wurde dem Schiffer Behrens verboten, ohne Genehmigung der Wasserschutzpolizei und der Seeberufsgenossenschaft, die Leinen loszumachen. Doch ungeachtet dieser Auflagen setzte der Schiffer gegen 15.30 Uhr die *Lena* erneut in Fahrt. Obwohl noch kein Einlaufsignal gezeigt worden war, versuchte er, in die Südschleuse einzufahren, wobei sich das Schiff jedoch quer vor die Einfahrt legte. Da es Schiffer Behrens nicht gelang, die *Lena* von der Schleuseneinfahrt wegzubekommen, machte er sie einfach am Leitwerk fest und blockierte damit den Schleusenbetrieb.

Wieder wurde das Schiff vom Schlepper auf den Haken genommen, wieder zu seinem ursprünglichen Liegeplatz zurückgezerrt. Der Schiffer musste sich um 18.00 Uhr einer weiteren Blutprobe unterziehen. Ergebnis: 1,98 Promille. Dass Behrens elf Stunden nach der morgendlichen Blutprobe immer noch so viel Alkohol im Blut hatte, obwohl sein Körper mindestens die Hälfte davon hätte abbauen müssen, lässt vermuten, dass er vor seinen beiden »Ausbruchsversuchen« weiterhin Bier oder Schnaps zu sich genommen haben musste, also ziemlich betrunken gewesen war.

Am nächsten Vormittag wurde das Schiff schließlich für die Weiterreise freigegeben, allerdings erst, nachdem ein weiterer Decksmann an Bord kam, wie es von der Seeberufsgenossenschaft vorgeschrieben war.

Schiffer Behrens wurde durch das Amtsgericht Meldorf wegen des Vergehens gegen § 316 StGB (Trunkenheit im Verkehr) zu einer Strafe von DM 2.200 verurteilt und musste sich vor dem Seeamt Hamburg verantworten.

Das Amt urteilte über sein Verhalten erstaunlich milde. Es stellte ein Verschulden fest, weil der Schiffer unter Alkoholeinfluss keinen ordnungsgemäßen Kanalkurs halten konnte und beanstandete, dass das Schiff unterbemannt war. Der Bundesbeauftragte stellte folgendes fest: »Durch Alkohol und Übermüdung war es dem Kapitän nicht mehr möglich, die Situation objektiv zu beurteilen und seine Aufmerksamkeit war unzureichend. Der Kapitän hat den Unfall selbst verursacht und fahrlässig gehandelt.« Trotz dieses Verhaltens konnte der Bundesbeauftragte keine besonders schwere Schuld des Schiffers feststellen, denn »da er sich bisher nichts zu Schulden kommen ließ und zu hoffen ist, dass es sich um einen einmaligen Versager handelt, sehe ich von einem Antrag auf Patententziehung ab.«

Dem schloss sich das Seeamt an, wobei es zwar erhebliche Bedenken geltend machte, jedoch davon ausging, »dass der Kapitän nunmehr hinreichend gewarnt ist und künftig vorsichtiger mit dem Alkohol umgehen wird.«

Der Anteil des Besatzungsmitglieds Tom Petersen an der Strandung war nicht Gegenstand der Verhandlung. Das Seeamt stellte lediglich fest, dass es unverantwortlich sei, einen im Steuern wenig geübten Deckshelfer bei Nacht und Nebel mit der Fahrt auf dem Kanal zu betrauen.

Aus heutiger Sicht erscheint die Beurteilung des Verhaltens des Schiffers Behrens erstaunlich milde, hatte er doch in fahrlässiger Weise sein Leben und das des Deckshelfers aufs Spiel gesetzt. Das lässt vermuten, dass zum Ende der 1970er Jahre ein ausufernder Alkoholgenuss im Dienst immer noch als Kavaliersdelikt eingestuft worden ist.[9]

CUXHAVEN UND DIE ELBMÜNDUNG

CUXHAVEN UND DIE ELBMÜNDUNG

Das Mündungsgebiet der Elbe zwischen der Kugelbake bei Cuxhaven auf der südlichen und dem Kaiser-Wilhelm-Koog auf der nördlichen Elbseite beträgt ungefähr 15 Kilometer, wobei für die Seeschifffahrt nur eine relativ schmale Fahrrinne von etwa 400 Meter Breite zur Verfügung steht, was für ein voll beladenes Schiff nicht viel ist, das nicht selten einige hundert Meter für einen Bremsvorgang und manchmal ebenso viel für ein Wendemanöver braucht.

Die anderen Bereiche der Elbmündung weisen eine zu geringe Wassertiefe auf oder bedrohen durch ausgedehnte Sandbänke den Schiffsverkehr, allen voran der Große Vogelsand auf der Nordseite der Elbmündung und das Scharhörnriff auf der Südseite.

Ungeachtet dieser Gefahr ist die Reede vor Cuxhaven als Notankerplatz recht beliebt, weil das vorgelagerte Land Schutz vor Südweststürmen und dem damit verbundenen hohen Wellengang bietet. Einen solchen Schutz benötigten in früheren Zeiten insbesondere die Segelschiffe, weil sie bei Wind aus der falschen Richtung nicht aufkreuzen konnten und Gefahr liefen zu stranden. Doch auch Küstenmotorschiffe suchten Schutz unter Land. So flüchteten zum Beispiel am 6. Oktober 1954 insgesamt 150 kleinere und größere Schiffe vor einem Orkan auf die Reede von Cuxhaven.

Weniger gut geeignet war der Notankerplatz allerdings bei Nordwestwind, weil dann der Sturm und die See ungehindert in die Elbmündung hineindrängten. In einem solchen Fall war das Ankern sogar kontraproduktiv, weil die Schiffe schnell auf eine der Sandbänke gedrückt werden konnten, wenn die Anker nicht hielten.

Diese leidvolle Erfahrung musste der englische Kapitän Greenock mit seinem Segelschiff *Hamilton* im Jahre 1820 machen. Die *Hamilton* kam aus Indien, also aus der »Barbarey«, wie es in den Gesundheitsstatuten der Hansestadt Hamburg hieß, und musste sich demzufolge einer Quarantäne unterziehen. Der Lotse legte das Schiff bei Cuxhaven vor Anker, nahm die Schiffspapiere und die Gesundheitspässe an sich, verbot die Weiterfahrt und jeglichen Bootsverkehr mit dem Land – und ging von Bord.

Als ein Sturm aufkam, brachen in der Nacht vom 13. auf den 14. Januar 1820 beide Ankertaue der *Hamilton* und das Schiff begann zu treiben. Eine halbe Seemeile unterhalb von Cuxhaven geriet der Segler auf Grund, glücklicherweise gelang es den Leuten, sich an Land zu retten.

Es blieb allerdings nicht bei dieser einen Strandung, ganz im Gegenteil: Das Elbe-Weser-Helgoland-Dreieck ist eines der größten Schiffsfriedhöfe der Welt. Der Große Vogelsand liegt als berüchtigter Mahlsand an der Nordseite der Elbmündung und wer auf ihm strandete, musste recht bald sein Schiff aufgeben.

Üblicherweise setzen sich Untiefen mit Sand unterschiedlicher Körnung zusammen, was zu einem relativ festen Boden mit nur wenigen Wasseranteilen führt. Jeder Wattwanderer hat diese Erfahrung schon einmal gemacht. Im Gegensatz dazu besteht ein Mahlsand aus Körnern gleicher Größe, bei dem das Wasser die Lücken zwischen den Körnern ausfüllt. Dieses Wasser weicht bei Druck von oben zur Seite und mit ihm auch die Sandkörner. Ein gestrandetes Schiff sackt deshalb im Mahlsand immer tiefer. Die bewegliche Masse aus Wasser und Sand umschließt es, bis der Havarist verschwunden ist.

DIE SCHRECKENSFAHRT
DER ELINORA

Elbmündung, 13. Oktober 1881

Heinrich Sass, Schiffer der Schonerbrigg *Elinora,* drehte sich zur Seite, rieb sich die Augen und gähnte. Er wandte sich deshalb ab, damit der Matrose am Ruder nicht sah, wie müde er war. Ein Kapitän hatte leistungsfähig zu sein, er musste sein Schiff und die Mannschaft immer im Griff haben, egal, wie lange er schon auf Wache war.

Heinrich Sass hätte sich zu gerne in der Kajüte hingelegt, eine halbe Stunde nur, doch das ging nicht, denn wenn Nebel war oder Sturm oder man in einem engen Fahrwasser manövrierte, hatte der Kapitän auf Wache zu sein, egal, ob auf einem großen Dampfer oder auf einer kleinen Brigg und egal, ob er bereits ein, zwei oder drei Tage Dienst hinter sich gebracht hatte.

Inzwischen war es der dritte Tag, an dem Schiffer Sass mit nur wenigen Augenblicken Schlaf hatte auskommen müssen. Erst waren sie durch den recht belebten Englischen Kanal gefahren, da musste aufmerksam navigiert werden, dann hatten sie bei Norderney wegen eines Sturms beigedreht gelegen, und jetzt standen sie in der Elbmündung und warteten auf den Lotsen. Es wehte ein kräftiger Südwestwind Stärke sieben, gerade zog ein Regenschauer über die kleine Brigg hinweg.

»Ziemlich kalt und ungemütlich«, schimpfte der Matrose am Ruder, der ebenso wie der Schiffer ungeschützt an Deck stand.

Sass zuckte nur mit den Schultern.

Aus dem Regen tauchte der Lotsenschoner auf. Er kam mit einem eleganten Schwung längsseits, der Elblotse Johann Fock sprang auf die *Elinora* über.

Die beiden Männer gaben sich die Hand. »Wenn der Wind mitspielt«, sagte Sass, »werden wir morgen in Hamburg sein.«

Der Lotse blickte über die ruppige See. »Ende Oktober ist keine gute Zeit für schnelle Reisen, Schiffer. Außerdem zieht mir das Rheuma in den Knochen. Das bedeutet, dass es heute Nacht wohl stürmisch werden könnte.«

Die Vorhersage des Lotsen war richtig, denn als sich die *Elinora* am Nachmittag Cuxhaven näherte, hatte der Wind Sturmstärke erreicht.

»Wir sollten hier vor Anker gehen und den Sturm abwettern«, sagte der Lotse.

Schiffer Sass stimmte zu.

Zwar war das eine kluge Entscheidung, doch leider hatten andere Schiffer die gleiche Idee gehabt. Ungefähr 20 Dampfer und sechs große Segelschiffe hatten die Elbe vor Cuxhaven als Notankerplatz aufgesucht, dort passte die *Elinora* nicht mehr hin.

»Können wir nicht an der Nordseite des Fahrwassers weiter die Elbe hochsegeln?«, fragte der Schiffer.

»Zu gefährlich. Dort sind wir den Treibsänden zu nahe.«

»Und wenn wir uns zwischen den Schiffen hindurchmogeln?«

»Unmöglich! Die liegen viel zu nahe beieinander, da kommen wir bei diesem Sturm und der starken Ebbe nicht durch. Ich denke, wir sollten zwischen der Kugelbake und der Alten Liebe vor Anker gehen.«

Unter der Anleitung des Lotsen steuerte die *Elinora* auf eine Position, auf der sie vor dem Südweststurm wegen der Nähe zum Land gut geschützt lag. Die Mannschaft brachte erst einen Anker aus und als der Sturm weiter zunahm, noch den zweiten. Danach schickte Schiffer Sass seine Leute in die Kojen. Er selbst legte sich angezogen auf die Couch in der Kajüte, jederzeit bereit, im Notfalle sofort aufspringen zu können.

Der Lotse Fock übernahm die erste Wache. Er ging zur Back, legte die Hand prüfend auf die Ankerketten, die straff standen, dann drehte er seine Runden über das Schiff. Er versuchte, den Abstand zum Land einzuschätzen, suchte nach dem starken Feuer des Cuxhavener Leuchtturms, doch in dieser schrecklichen Nacht schien es, als sei die *Elinora* ganz alleine auf der weiten Welt. Der Sturm war zu einem Orkan angewachsen, einem richtigen Orkan, über den der Wetterdienst später meldete, dass es seit Jahren in der Elbmündung keinen solch heftigen Sturm mehr gegeben habe.

Johann Fock drückte den Südwester noch kräftiger auf den Kopf und band den Riemen unter seinem Kinn stramm. Die von den Wellen abgerissene Gischt flog waagerecht durch die Luft, gleichzeitig zogen Regen- und Hagelschauer über das Schiff, der Wind heulte in der Takelage, in der Ferne hörte der Lotse das Krachen der Brandung.

Mit einem Mal starrte Johann Fock aufmerksam in die Nacht. Es war nicht das bedrohliche Poltern der Brandung, es war der Sturm, der mit einem Mal auf Nordwest drehte. Das bedeutete, dass der Wind ungebremst in die Elbmündung hineinfegte und dass die *Elinora* dem Wüten des Sturms schutzlos ausgeliefert war.

Wieder ging der Lotse nach vorne und legte die Hand auf die Ankerketten. Sie standen extrem stramm, doch noch hielten sie. Um acht Uhr abends, als es bereits dunkel war, stieg er in den Salon hinunter und tippte den Schiffer an die Schulter.

Sass kam sofort von der Couch hoch. »Was ist los? Gibt es Probleme?«

»Noch nicht, Schiffer. Aber die Ankerketten sind stark belastet und wenn die Flut einsetzt, kommen sie noch mehr unter Druck.«

»Dann sollten wir schnellstens die Anker hieven und unter Segel gehen.«

Lotse Johann Fock zögerte einen Augenblick, dann rückte er mit der Katastrophennachricht heraus. »Der Sturm bläst aus Nordwest, Schiffer. Wenn wir unter Segel gehen, drückt er uns spätestens bei Otterdorf auf den Strand.«

Der Schiffer begriff schnell. »Also können wir nur beten, dass die Anker halten.«

Die Mannschaft wurde geweckt. Die Leute stürzten sofort an Deck, an einem solch schrecklichen Abend trödelte man nicht, wenn einem das Leben lieb war. Gerade, als die Leute nach vorne hasteten, gab es einen Knall und ein Klirren, lauter als das Tosen des Sturms.

Der Bootsmann war als erster am Ankerspill. »Steuerbordkette gebrochen«, meldete er tonlos.

Schiffer Sass legte die Hand auf die Kettenglieder des Backbordankers. Die Kette kam stramm, es ruckte, dann wurde sie wieder schlaff. »Wir treiben und schleifen den Anker hinter uns her.«

Die Besatzung blickte nicht auf den Schiffer, sie blickte auf den Lotsen. Der deutete nach Lee. »Wir treiben auf die Küste zu. Wenn wir Glück haben, kommen uns die Seenotretter zu Hilfe. Wir sollten Notsignale abfeuern.«

Während Schiffer Sass und der Lotse zum Ruderhaus eilten, um Blaufeuer abzubrennen, starrte der Schiffsjunge in Richtung der tosenden Brandung. »Was passiert, wenn sich die Seenotretter nicht aus dem Hafen trauen?«

Der Steuermann blickte in die hohen Wellen, die in langen Reihen auf die Brigg zuliefen und sich vor dem Steven aufbäumten. »Dann hilft nur noch beten, mein Junge. Und schwimmen.«

»Schwimmen nützt nichts«, sagte ein Matrose, »bei diesen Temperaturen hält man es nur ein paar Minuten im Wasser aus.«

Der Bootsmann war an die Reling getreten, horchte angestrengt in den Sturm, dann drehte er sich zu seinen Leuten um. »Wir brauchen nicht zu schwimmen, Männer. Ich kann die Brandung schon riechen. Noch ein paar Minuten, dann hat unser letztes Stündlein geschlagen.«

Es dauerte dann doch etwas länger, als der Bootsmann vorhergesagt hatte. Während der Schiffer und der Lotse immerwährend Notsignale anzündeten und die Mannschaft in die Nacht starrte auf der Suche nach Hilfe, kam das Poltern und Tosen näher und näher. Die vom Orkan gepeitschten Wellen warfen sich an den Strand, als wollten sie das Land zurückerobern, sie drängten gegen die Deiche und überfluteten die Sperrwerke.

Um 23 Uhr befand sich die *Elinora* im Chaos der Brandung. Eine riesige Welle hob das Schiff an und setzte es krachend auf die Sandbank. Sofort stiegen die Brecher am Schiff hoch, schlugen über das Deck und rissen alles mit sich, was nicht eisern festgelascht war. Die Leute flüchteten in den Hauptmast, doch auch hier waren sie nicht sicher. Zwar erreichten die Wellen sie nicht, doch die Gischt stieg zu ihnen hoch, Regenschauer durchnässten sie, ihre Hände wurden kalt und klamm.

»Wir können uns nicht mehr lange halten«, rief der Bootsmann dem Schiffer zu, »bald fallen wir runter wie reife Pflaumen.«

»Wir müssten uns mit Seilen festbinden«, sagte Sass mit wenig Überzeugung in der Stimme.

Kurz darauf hatte sich die Sache mit den Seilen erledigt, denn die *Elinora* begann sich unter dem Ansturm der Wellen aufzulösen. Die Reling wurde weggeschlagen, das Deck brach auf, der Hauptmast schwankte von einer Seite auf die andere. Das ist das Ende, dachte der Schiffer. In tiefer Resignation blickte er über sein Schiff, das einem U-Boot glich, doch dann schöpfte er wieder etwas Hoffnung.

»Der Mast kippt bald«, schrie er, »doch ihr könnt euch aufs Kajütsdeck retten.«

Die Leute passten den richtigen Augenblick ab. Sie sprangen in die brodelnde See und kämpften sich zur Kajüte durch. Der Schiffer, der Bootsmann, zwei Matrosen und der Schiffsjunge erreichten das rettende Dach, das wie ein Floß aus der Brandung herausschaute, doch die anderen waren nicht schnell genug gewesen. Der Lotse klammerte sich an den Mastfuß, zeitweise vollständig von der See überschüttet. Es war abzusehen, dass er sich nicht mehr lange würde halten können. Schiffer Sass und der Bootsmann kletterten vom Kajütsdeck herunter, kämpften sich durchs Wasser und kamen mit dem Lotsen zurück.

Inzwischen hatte die vier im Mast verbliebenen Besatzungsmitglieder der Mut verlassen. Entweder getrauten sie sich nicht, das überflutete Deck zu überqueren oder das bereits mit sechs Personen besetzte Dach schien ihnen nicht sicher genug.

Dann fiel der Großmast. Seile peitschten durch die Luft, die Leute klammerten sich am Mast fest, in der Hoffnung, dass er an Land treiben würde, schließlich war er aus Holz. Doch die Hoffnung trog. Weder der Mast noch die vier Seeleute wurden jemals wiedergesehen.

Während den Männern auf dem Holzdach noch die Entsetzensschreie der Leute im Mast entgegenwehten, brach die Kajüte zusammen. Das Dach löste sich vom Schiff und trieb mit der Flut elbaufwärts. Eine halbe Nacht und einen halben Tag lang klammerten sich die Männer an das von den Wellen überspülte Holz, während der Regen auf sie niederprasselte. Nach einigen Stunden verstarb der Lotse an Unterkühlung. Schiffer Sass verzichtete darauf, den Südwester abzunehmen. Er faltete seine klammen Hände, murmelte das Vaterunser, dann wurde Johann Fock in die See entlassen. Doch auch die anderen Männer waren am Ende ihrer Kräfte, die Finger gefühllos von der Kälte und dem ewigen Festklammern, die Herzen voller Zweifel, dass diese Tortour irgendwann einmal enden würde.

Um elf Uhr vormittags, ungefähr 13 Seemeilen von Cuxhaven entfernt, trieb das Kajütdach bei dem elbaufwärts gelegenen Dorfe Balje gegenüber Brunsbüttel am Sommerdeich an. Man könnte annehmen, dass sich die Männer umarmt hätten vor Glück, den Sturm und der See entgangen zu sein, dass sie auf dem Deich in die Knie gesunken wären und Gott für die glückliche Rettung gedankt hätten, doch dem war nicht so. Die Leute waren so stark unterkühlt, dass sie es nicht schafften, den

Deich hinaufzuklettern. Schiffer Sass befahl seinen Männern, sich in Bewegung zu halten, um nicht zu erfrieren, doch die meisten hielten sich nur, halb im Wasser liegend, an den Staken des Deiches fest.

Der Schiffer hätte sich liebend gerne auf der Deichkrone hingelegt, er war so erschöpft, dass er sich zwingen musste, wach zu bleiben. Doch er war der Schiffer, er hatte die Verantwortung für seine Leute, auch jetzt noch, ohne Schiff. Also raffte er sich auf und musterte das traurige Häuflein. Die Leute hatten sich inzwischen gegenseitig aus dem Wasser geholfen, sie lagen im Gras, das Wasser lief aus ihren Kleidern, sie schliefen oder blickten stumpfsinnig vor sich hin. Hinter ihnen, wo sich eigentlich Wiesen hätten ausbreiten müssen, hatte sich eine riesige Wasserfläche gebildet, da war irgendwo der Deich gebrochen, von dort war keine Hilfe zu erwarten.

Oder doch?

Ungefähr einen Kilometer von seinen Standort entfernt sah Sass zwei Ewer, die es irgendwie hinter den Deich auf die überflutete Fläche geschafft haben mussten und nun im ruhigen Wasser lagen, während auf der anderen Seite der Sturm immer noch das Wasser der Elbe peitschte. Sass schleppte sich auf der Deichkrone bis zur Höhe des ersten Schiffes, er brüllte gegen den Sturm an, hüpfte auf und ab, schwenkte die Arme über dem Kopf, es wurde ihm richtiggehend warm dabei. Zuerst tat sich nichts, doch dann wurde auf dem ersten Ewer die Decksluke beiseitegeschoben.

Schiffer Sass formte die Hände zu einem Trichter. »Wir sind Schiffbrüchige. Helfen Sie uns. Meine Leute sterben.«

Der Mann auf den Ewer streckte bedauernd die Arme zur Seite. »Kann nicht helfen. Hab kein Boot.«

Der Schiffer stapfte weiter. Auf der Höhe des zweiten Ewers rief er wieder und ruderte mit den Armen. Kein Lebenszeichen auf dem Schiff. Als Sass fast aufgeben wollte, kletterte ein Mann aus der Luke und blickte misstrauisch zu ihm hinüber. Der

Schiffer bat und bettelte um Hilfe, doch der Fahrzeugführer schüttelte nur den Kopf.

Jetzt formte auch der Schiffer des ersten Ewers die Hände zu einem Trichter. »Du hast doch ein Boot. Gib es mir. Ich hole die Leute ab und dann bekommst du dein Boot wieder zurück.«

Der andere Ewerschiffer sagte nichts. Er steckte die Hände demonstrativ in die Taschen, drehte sich um, stieg zur Kajüte hinunter und zog die Luke mit einem kräftigen Schwung zu.

Sass schwankte, die Enttäuschung und die Erschöpfung zwangen ihn zu Boden. Es war alles vergebens gewesen, vergebens der mehr als zwölfstündige Kampf mit den Elementen, der mühsame Weg über den Deich, all das gescheitert am Stumpfsinn eines Ewerschiffers. Sass wollte sich dem Tod hingeben, dem Tod durch Unterkühlung, der kalt und schmerzlos über ihn kommen würde, doch der Ärger über diesen menschenverachtenden Kerl brachte ihn wieder auf die Beine.

Als er zu seinen Leuten zurückkam, lagen die immer noch apathisch auf der Deichkrone. Der Bootsmann gab kein Lebenszeichen mehr von sich. Nur der Matrose Händke richtete sich auf und starrte seinen Vorgesetzten mit geröteten Augen an.

»Keine Hilfe?«, fragte er mit schwacher Stimme.

Sass fühlte einen starken Drang, sich neben dem Mann ins nasse Gras zu legen und zu schlafen, doch er gab dem Gefühl nicht nach, denn das wäre das Ende aller gewesen.

»Auf dieser Seite des Deichs ist nichts«, sagte er, »aber auf der anderen Seite habe ich einen Kirchturm gesehen. Dort bekomen wir sicherlich Hilfe.«

»Viel Glück, Schiffer.«

»Glück werden wir beide brauchen, denn du kommst mit mir.«

Weit kamen die beiden Schiffbrüchigen nicht, denn unversehens tat sich vor ihnen ein tiefes Loch im Deich auf, durch welches das Wasser ins Hinterland strömte. Nun konnte der Schiffer verstehen, wieso die beiden Ewer nicht auf der Elbe lagen, sondern in dem ruhigen Gewässer hinter dem Deich: Sie waren durch den Durchbruch geschlüpft und hatten auf dem überfluteten Land geankert. Doch unabhängig von diesem Gedanken musste Heinrich Sass erkennen, dass von den Bewohnern des Dorfes keine Hilfe zu erwarten war. Wegen des zerstörten Deiches und auch, weil inzwischen die Dämmerung hereingebrochen war.

Die beiden Männer wollten sich gerade auf den Rückweg zu den anderen Schiffbrüchigen machen, da schälte sich ein arg zerzauster Ewer aus der unsichtigen Luft und hielt auf das Loch im Deich zu. Der Schiffer blickte auf den Namen des Ewers: *De Jongfru Maria* stand da.

Wieder schrie der Schiffer, wieder schwenkte er die Arme, diesmal unterstützt durch den Matrosen Händke. Die beiden Männer auf dem Ewer blickten kurz hoch, dann konzentrierten sie sich wieder auf die schmale Lücke.

Heinrich Sass ließ die Arme hängen, er setzte sich neben seinen Matrosen ins nasse Gras.

»Uns kann nichts mehr retten, Ludwig. Die Leute vom Dorf schaffen es nicht über den gebrochenen Deich. Die Männer auf den Ewern sind dumme Bauern, die nur zufällig zur See fahren, die denken nur an sich. Und von woanders bekommen wir auch keine Hilfe.«

Sass war sich nicht sicher, ob ihn der Matrose gehört hatte, der mit geschlossenen Augen im Gras lag, jedenfalls zeigte er keine Regung, aber das war jetzt auch egal. Er blickte nach Nordwesten über die Elbe, auf der wieder eine Hagelböe herangefegt kam, dachte an sein Schiff, das nun nicht mehr sein Schiff war, dann an seine Frau und den Sohn, die er nie mehr wiedersehen würde. Seine Gedanken begannen im Kreis zu wandern, immer im Kreis, er konnte sich nicht mehr konzentrieren. Merkwürdigerweise war ihm nicht kalt, ganz im Gegenteil: Er schwitzte, er hätte liebend gerne den Ölmantel ausgezogen, wenn nur die Finger nicht so unbeweglich gewesen wären. Und nass und klamm war ihm auch nicht mehr, vielmehr leicht und beschwingt. Er hörte eine helle Stimme, das konnte nur seine Frau sein, obwohl er nicht verstehen konnte, was sie sagte, die Worte fanden nur bruchstückhaft den Weg an sein Ohr. Doch das war kein Problem, er kannte die Litanei fast auswendig. Dass er mit der Seefahrt aufhören und an Land etwas anderes machen solle, dass der Beruf viel zu gefährlich sei, wenn man Frau und Kind habe, dass auch ihr Vater auf See geblieben sei und dass sie das ganze Elend nicht noch einmal erleben wolle. Heinrich Sass wollte das erwidern, was er immer sagte: Dass er aufhören würde, wenn sie genug Geld zurückgelegt hätten, wenn es für ein Geschäft oder einen kleinen Hof reichte, doch jetzt waren da noch andere Stimmen, sie redeten sinnloses Zeug, sie quatschten in dieses ernsthafte Gespräch zwischen ihm und seiner Frau hinein, sie sollten endlich schweigen.

In seinem Ärger stand er auf, es ging ganz leicht, er brauchte nicht einmal die Füße zu bewegen, um vom Deich herunterzukommen, und da war auch ein Boot mit einem Fährmann, der auf ihn wartete, um ihn auf die andere Seite des Wassers ins Totenreich überzusetzen.

»Du meine Güte, wie können die nur so schwer sein«, schimpfte der Decksmann, der jung und schmächtig war und noch keine ordentliche Matrosenmuskeln ausgebildet hatte.

»Die sind nicht schwer«, sagte der Schiffer, »das ist ihre nasse Kleidung.«

Die beiden Männer, die gerade mit der *Jongfru Maria* durch das Loch im Deich geschlüpft waren und dahinter geankert hatten, zerrten die Schiffbrüchigen vom Boot an Deck des Ewers und ließen sie die Treppe zur Kajüte hinuntergleiten. Unten schälten sie Schiffer Sass und den Matrosen aus der Kleidung, rieben beide trocken, stülpten ihnen wollene Nachthemden über und packten sie in die Kojen, die in der Wand eingelassen waren. Die nasse Kleidung hängten sie neben den Ofen.

Der Decksmann betrachtete nachdenklich die wächsernen Gesichter der beiden Männer. »Ich hoffe, die sterben uns heute Nacht nicht weg. Ich möchte keine Leiche in meiner Koje haben.«

Der Schiffer lächelte mild. »Wenn du deinen gut wärmst, wird er wohl durchkommen.«

Der Junge schreckte zurück. »Gut wärmen? Ich werde mich doch nicht zu einer Wasserleiche in die Koje legen!«

»Natürlich wirst du ihn wärmen, so wie ich meinen wärmen werde. Denke daran, dass uns der Herr durch diese enge Lücke im Deich geführt hat, weil wir eine Aufgabe zu erfüllen haben. Wenn wir die beiden ins Leben zurückholen, werden wir auf Gottes Himmelsschiff einen Platz in der Ersten Klasse bekommen.«

Der Ewerschiffer stand auf, trat an den kleinen Erker und bekreuzigte sich vor der Gottesmutter, wie es auf Emsländer Schiffen Brauch war.

Dann löschte er die Kerze.

Im November 1881 verhandelte das Seeamt Hamburg den Seeunfall der Schonerbrigg *Elinora,* bei dem der Elblotse und sieben Seeleute zu Tode gekommen waren, davon vier Besatzungsmitglieder bei der Strandung vor Cuxhaven und drei auf dem Sommerdeich von Balje. Nachdem Schiffer Sass und der Matrose Händtke als Zeugen ausgesagt hatten, fällte das Seeamt den folgenden Spruch:

Weder dem Schiffer noch dem Lotsen waren anzulasten, dass die *Elenora* vor Cuxhaven vor Anker gelegt worden war. Bei Südweststurm war dies ein sicherer Platz unter Land und niemand konnte ahnen, dass der Wind so schnell auf Nordwest drehen würde.

Wie der Strandvogt und Hafenmeister von Cuxhaven bekundete, hatte der orkanartige Sturm so viel Wasser in die Elbmündung getrieben, dass die Deiche überflutet wurden und der Hafen von Cuxhaven unter Wasser stand. Die Bootsleute der

Alten Liebe hatten ihren Platz verlassen müssen, weil das Fundament ihres Hauses überspült worden war, auch das Wachhaus des Hafenmeisters musste geräumt werden. Doch selbst wenn diese Beobachtungsposten besetzt gewesen wären, hätte man die Notsignale nicht wahrnehmen können, weil die Luft nahe der Wasseroberfläche durch die aufwirbelnde Gischt und die fortwährend einfallenden Regen- und Hagelböen fast völlig unsichtig gewesen war. Und selbst wenn man die Notsignale von Cuxhaven aus hätte sehen können, wäre es für ein Seenotrettungsboot unmöglich gewesen, in diesem Sturm, bei stockfinsterer Nacht, auf der dichtbesetzten Reede die Schiffbrüchigen zu finden.

Bezüglich der fehlenden Hilfe seitens des Dorfes Balje erklärte der dortige Strandvogt, dass er erst nach zwei Tagen von den Toten auf dem Sommerdeich erfahren habe. Aber selbst, wenn man rechtzeitig Kenntnis bekommen hätte, wäre eine Rettung nicht möglich gewesen, weil der Sommerdeich an einigen Stellen durchbrochen war, also niemand zu Fuß zu den Schiffbrüchigen hätte gelangen können. Mit einem Boot wäre man auch nicht zu den Gestrandeten gekommen, weil es in Balje kein Boot gab und niemand, der es hätte bedienen können.

Gegenüber dem Führer des zweiten Ewers, der eine Hilfeleistung verweigerte, hatte das Seeamt keine juristische Handhabe. Es überwies daher das Ergebnis der Verhandlung an das Schwurgericht zur weiteren Bearbeitung.[10]

Im Mahlsand

Elbmündung bei Cuxhaven, 6. Dezember 1961

Franz Hagen, Wachoffizier auf dem Lotsendampfer *Kapitän Hilgendorf,* nahm einen Schluck Kaffee, verzog das Gesicht und schüttelte sich.

»Kalt!«

»Soll ich neuen Kaffee holen?«, fragte der Matrose, der neben dem Offizier im Ruderhaus stand.

»Nee, lass man. Ich will mir dieses ewige Kaffee saufen auf Nachtwache eh abgewöhnen.«

Hagen starrte in die Dunkelheit. Nicht weit von der *Hilgendorf* entfernt tastete das starke Licht des Feuerschiffs *Elbe II* gespenstisch durch die dunkle Nacht. Für einen Augenblick löschte ein Regenschauer den Lichtfinger vollständig aus, doch dann zog er wieder unbeirrt seine Kreise. Hagen blickte auf die See, er schätzte die Wellenhöhe auf gut zwei Meter, was nicht wenig war, hier in der Elbmündung unter dem Schutz des Landes. Er beobachtete, wie die Gischt von den Wellenkämmen gerissen wurde und sich im Schein des Leuchtfeuers wie ein silbriger Streifen auf das Wasser legte.

Der Wachoffizier stemmte sich gegen die Tür und trat nach draußen, um einen Blick achteraus zu werfen. Im gleichen Moment wurde er vom Tosen der Elemente umfangen, der Sturm drückte ihn gegen die Reling, über ihm knallten die Stahlseile gegen den Mast, der Regen, der ihm ins Gesicht schlug, schmeckte salzig. Schnell flüchtete er ins Ruderhaus zurück und drückte die Tür zu.

»Scheißwetter! Sicherlich Windstärke zehn. In Böen wohl elf.«

»Bald ist Weihnachten«, sagte der Matrose, »dann haben wir ein paar Tage frei.«

»Das dauert noch«, brummte Hagen unwillig, »heute ist erst Nikolaus.«

Der Matrose lehnte ans Fenster, ganz offensichtlich langweilte ihn der Wachdienst. »Ich bin froh, dass ich kein Lotse bin. Und heute auch nicht mit dem Versetzboot rausfahren muss. Die Kollegen kommen jedes Mal zurück, als hätten sie unter der Dusche gestanden.«

Der Wachoffizier wollte sich die Hände an der Kaffeetasse wärmen, doch die war kalt. Er blickte zum schwach beleuchteten Funkraum hinter sich, in dem ein paar grüne Lämpchen blinkten und das eintönige Piepsen von Morsezeichen zu hören war. Der Funker, der Bereitschaft hatte, war auf seinem Stuhl eingeschlafen, er schnarchte mit offenem Mund. Merkwürdige Menschen, diese Funker, dachte Hagen, die können tief und fest schlafen, doch sobald unser Erkennungszeichen oder SOS gefunkt wird, sind sie sofort hellwach.

»Vielleicht kommt heute Nacht kein Schiff mehr, das einen Lotsen haben will«, sagte er mehr zu sich als zu dem Matrosen.

Gegen 03.30 Uhr rumpelte es im Morseraum, dann stand der Funker in der Tür, einen Zettel in der Hand. »Das englische Motorschiff *Ondo* will einen Lotsen haben, aber sie können uns nicht finden.«

»Sagen Sie, dass wir bei Feuerschiff *Elbe II* liegen, weil die See zu hoch geht. Bei *Elbe I* hätten wir kein Boot aussetzen können.«

Um 04.15 Uhr kam der Funker erneut ins Ruderhaus. »Die *Ondo* ist jetzt kurz vor *Elbe II*. Sie müsste eigentlich schon zu sehen sein.«

Hagen nahm das Glas zu Hand. Er stellte sich in die Brückennock und suchte die Wasseroberfläche ab. »Nichts zu sehen in diesem Regen. Warum haben die Engländer immer so schwache Positionslampen?«

Auch der Matrose starrte nach draußen. »Da vorne ist ein Schiff«, sagte er mit einem Mal, »das könnte die *Ondo* sein. Die steht aber viel zu weit nördlich.«

Hagen sog lautstark Luft ein. »Was wollen die denn dort? Wenn die nicht aufpassen, sitzen sie hoch und trocken auf dem Vogelsand.«

»Ich geh dann mal den Lotsen wecken und sage den Kollegen, dass sie das Versetzboot fertigmachen sollen.«

Es war 04.40 Uhr.

Unterdessen beobachtete der Wachoffizier weiter die schwankenden Lichter des englischen Dampfers. »Ich weiß gar nicht, was der dort will«, schimpfte er vor sich hin, »der steuert immer weiter nach Norden. Ob der uns nicht gesehen hat?«

Er drückte den Südwester in die Stirn, ging nach draußen und leuchtete erst mit dem starken Scheinwerfer zu dem englischen Schiff hinüber und dann über das Wasser bis vor die *Hilgendorf.*

Inzwischen war der Matrose wieder auf der Brücke. Er blickte skeptisch. »Ob der versteht, dass er näherkommen soll? Der scheint ja ziemlich unorganisiert zu sein.«

Eine Antwort erübrigte sich, denn in diesem Augenblick schwenkte das Schiff nach Süden auf den Lotsendampfer zu.

Hagen legte den Maschinentelegrafen auf ›Halbe Fahrt‹, der Matrose stellte sich ans Ruder und nahm den Engländer direkt voraus.

Ungefähr 400 Meter vor der *Ondo* stoppte Hagen das Schiff und trat in die Brückennock hinaus. »Versetzboot bemannen!«, rief er den beiden Matrosen zu, die an Deck warteten. Hinter ihnen stand der Lotse in seinem dicken Ölmantel, die Tasche hatte er umgehängt.

»Versetzboot klar«, kam die Meldung von unten.

»Dann los, Männer! Und gute Reise.«

Der Lotse hob grüßend die Hand, der Motor heulte auf, die drei Männer stürzten sich in den Kampf mit den Wellen.

Hagen beugte sich im Kartenraum über das Schiffstagebuch und schrieb seine Meldung: »*Versetzboot mit Seelotse Engbruch und den Matrosen Szaknys und Jetzki am 6. Dezember 1961*

Kapitän Farquhar blickte aus dem Ruderhaus der *Ondo* in die
aufgewühlte See. Der Orkan drückte das Wasser in die Elbe
hinein und türmte es zu einer mächtigen See auf. Vor der Kommandobrücke brauste der Sturm, irgendetwas rollte polternd
über Deck.

Mr. Cargil, der Zweite Offizier, kam herein, er leckte sich
das Salzwasser von den Lippen. »Ziemlich schlechte Sicht, Sir«,
meldete er, »aber das Feuerschiff ist gut zu sehen und das da
hinten muss der Lotsendampfer sein.«

Der Kapitän suchte die nähere Umgebung mit dem Glas ab.
»Irgendwo müssen hier Fahrwassertonnen liegen, aber sie sind
nicht zu sehen.« Er blickte nach Cuxhaven hinüber, dessen
Lichter zwischen den Regenschauern kurz aufblitzten. »Verdammt enges Fahrwasser. Es wird Zeit, dass wir den Lotsen
bekommen.«

In diesem Augenblick leuchtete ein Suchscheinwerfer auf
und zog einen hellen Strahl über das Wasser.

»Was hat das jetzt zu bedeuten?«, fragte der Zweite Offizier.

»Gehen Sie auf 180°«, sagte der Kapitän zum Rudergänger,
»die wollen, dass wir näher herankommen.«

Der Matrose kurbelte am Rad, das Schiff schwenkte auf
Südkurs.

Der Zweite Offizier war in die Nock getreten, er peilte das
Feuerschiff an, dessen Lichtschein unermüdlich durch die stür-
mische Nacht kreiste.

»Wenn wir so weiterfahren, Sir, werden wir mit *Elbe II*
kollidieren.«

»Habe ich auch schon gemerkt. Rudergänger, gehen Sie auf
den ursprünglichen Kurs zurück.«

»Vielleicht sollten wir nicht weiter nach Norden steuern,
Sir«, wagte der Zweite Offizier zu bemerken.

Kapitän Farquhar richtete sich auf. »Haben Sie etwas an meiner Schiffsführung auszusetzen, Mr. Cargil?«

»Ich weiß nicht so recht, Sir. Ich habe ein ganz schlechtes Gefühl. Irgendwo da hinten lauert der Tod.«

»Gefühl! Gefühl! Seefahrt hat nichts mit Gefühl zu tun, merken Sie sich das. Seefahrt besteht aus 80 Prozent exakter Navigation und 20 Prozent Lebenserfahrung.«

»Ich würde es mir nie erlauben, an Ihrer Schiffsführung zu zweifeln, Sir. Aber mir ist, als wäre da das Rauschen einer Brandung.«

»Ach was, Cargil! Was da rauscht, ist das Blut in Ihren Ohren. Und jetzt gehen Sie nach unten und nehmen den Lotsen in Empfang.«

Franz Hagen klappte das Tagebuch zu, dann stellte er sich im Ruderhaus ans Fenster. Erst sah er nichts, doch als sich seine Augen an die Dunkelheit gewöhnt hatten, konnte er erkennen, wie das Versetzboot durch die aufgewühlte See pflügte. Wenn es von einer Welle getroffen wurde, bäumte es sich auf, Gischt hüllte es ein, es schien, als hätten die Wellen es verschluckt. Doch dann tauchte es wieder aus dem salzigen Regen auf und hielt unbeirrt auf die *Ondo* zu. Wenig später konnte Hagen nur noch die Positionslaterne sehen, wie sie in der See schwankte, wie sie sich von einer Seite zur anderen warf, wie sie den Steven des englischen Frachters umrundete und nur noch Dunkelheit zurückließ.

»Scheißwetter«, schimpfte der Matrose am Ruder, »hoffentlich geht das gut.«

»Die schaffen das. Vor drei Stunden waren sie doch schon mal draußen und da war das Wetter auch nicht besser.«

Der Wachoffizier hatte in seine Aussage viel Überzeugung gelegt, doch tief in seinem Inneren war er sich gar nicht so sicher. Für sein Gefühl stand die *Ondo* zu weit nördlich. Viel zu weit nördlich.

Als Kapitän Farquhar das Versetzboot herankommen sah, stellte er den Maschinentelegrafen auf ›Stopp‹, um die Fahrt aus dem Schiff zu nehmen. Zwar würde der starke Südwestwind die *Ondo* noch weiter nach Norden versetzen, doch für die Lotsenübernahme war es unumgänglich, dass ein Schiff so wenig wie möglich Fahrt machte und außerdem würde dieses Manöver nur ein paar Minuten beanspruchen.

Er blickte zum Deck hinunter, auf dem einer seiner Marosen mit der Lotsenleiter hantierte und der Zweite Offizier den Scheinwerfer so positionierte, dass die Bordwand und ein Teil der Wasseroberfläche beleuchtet waren. Allerdings schien Mr. Cargil nicht besonders aufmerksam zu sein. Immer wieder blickte er nach Norden, hielt den Kopf schief, als würde er lauschen, der Scheinwerfer leuchtete überall hin, nur nicht auf die Leiter. Farquhar wollte gerade einen scharfen Verweis aussprechen, da kam das Versetzboot in Sicht.

Der Kapitän beugte sich über die Reling und blickte in die See, die auf das Schiff zulief, die gegen die Bordwand prallte, daran hochstieg und den Zweiten Offizier und den Matrosen mit Gischt überschüttete. In einem Areal seines Gehirns, das dem bewussten Denken nur mit Verzögerung zugänglich war, schien es ihm merkwürdig, dass an dieser Seite des Schiffes die See so hochging, denn immerhin war es die Leeseite und der Wind kam aus der anderen Richtung. Vielleicht doch eine Brandung? Nein, das konnte nicht sein, nicht hier. Sicherlich war es eine Kreuzsee, hervorgerufen durch den Wind von der einen und dem Ebbstrom von der anderen Seite.

Jetzt war das Versetzboot auf der Höhe der Lotsenleiter. Der Matrose vorne im Boot beugte sich vor und griff nach der Leiter, der Lotse stand hinter ihm. Er hatte die weißen Lotsenhandschuhe übergestreift, um sich nicht die Hände schmutzig zu machen. Der Matrose im Heck steuerte das Boot noch näher an die Bordwand heran, der Lotse trat einen Schritt vor, gleich würde er sich auf die Leiter schwingen.

Doch dazu kam es nicht, denn im selben Augenblick begann das Wasser zu kochen. Eine See rauschte heran, baute sich vor dem Schiff auf, stieg höher und höher, dann überschlug sie sich direkt an der Bordwand und drückte das Lotsenversetzboot unter Wasser.

Kapitän Farquhar stand ebenso erstarrt wie der Matrose unten an Deck, nur der Zweite Offizier reagierte geistesgegenwärtig. Er griff nach einem Rettungsring und warf ihn dem rasch achteraus treibenden Boot hinterher. Kapitän Farquhar beugte sich jetzt noch weiter über die Reling. Ganz kurz sah er zwei Köpfe im Wasser, dann waren diese in der Dunkelheit verschwunden, wie auch das kieloben treibende Boot. Auch er warf einen Rettungsring in die brodelnde See, dann schaltete er mit einer schnellen Bewegung den Scheinwerfer in der Brückennock ein und leuchtete nach achtern. Er konnte sich keine Gedanken darüber machen, dass sein Schiff immer weiter nach Norden vertrieb, es ging jetzt um Wichtigeres, jetzt ging es um das Leben von drei Menschen.

Es war 05.05 Uhr.

Es polterte im Morseraum der *Kapitän Hilgendorf,* ein Stuhl fiel um, Sekunden später stand der Funker mit flackerndem Blick auf der Brücke. »Your cutter has overturned«, stand auf dem Zettel, den er dem Wachoffizier entgegenhielt.

»Boot gekentert?«, fragte Hagen ungläubig – dann überschlugen sich die Ereignisse.

»Schnell! Meldung an die Seenotwache Cuxhaven und an Elbe-Weser-Radio«, rief er, während er die Treppe hinunterrannte, um den Kapitän zu wecken.

Während Kapitän Stockfleth, nur notdürftig mit Hemd und Hose bekleidet, auf die Brücke stürmte, weckte der Matrose der Wache die Schiffsbesatzung. Es dauerte nur wenige Minuten, dann hatte man das zweite Versetzboot ausgeschwungen. Es preschte mit Höchstgeschwindigkeit auf den englischen Frachter zu, konnte aber wegen der schweren Brandung nicht näher als eine Schiffslänge an die *Ondo* herankommen. Inzwischen hatte Kapitän Stockfleth die *Hilgendorf* in Marsch auf die *Ondo* gesetzt, doch auch sie musste abdrehen, als nur noch drei Meter Wasser unter dem Kiel waren.

Wachoffizier Hagen nahm das Glas von den Augen. »Die *Ondo* ist gestrandet«, sagte er tonlos, »die sitzt auf der Sandbank.«

»Von dort bekommt sie niemand runter«, ergänzte der Matrose am Ruder, »der Große Vogelsand gibt keinen mehr her.«

Kapitän Stockfleth fuhr herum. »Die *Ondo* interessiert mich überhaupt nicht! Ich will wissen, wo meine Leute sind. Und der Lotse.«

Inzwischen lief die Suche auf Hochtouren, die Seenotstaffel Kiel hatte die Koordination übernommen. Kapitän Stockfleth, Wachoffizier Hagen und der Funker saßen im Morseraum über das Gerät gebeugt und verfolgten angespannt den Sprechfunkverkehr.

»Hier Seenotrettungskreuzer *Ruhr-Stahl*«, drang es durch das Rauschen im Äther, »wir suchen westlich des Vogelsands. Wahrscheinlich sind die Männer mit der Ebbe in die Nordsee hinausgetrieben.«

»Hier Seenotrettungskreuzer *Rickmer Bock*. Wir suchen die See in der Nähe der *Ondo* ab. Bei den Sänden weiß man nie, wie die Strömung setzt.«

Nach und nach meldeten sich die Bergungsschlepper *Danzig*, *Fairplay I* sowie das Tauchboot *Otto Wulff 3*, die sich an der Suche beteiligten, jedoch weder die Männer noch das Versetzboot finden konnten.

Zu dieser Zeit hatte die Besatzung der *Kapitän Hilgendorf* die Hoffnung längst aufgegeben.

»Es muss ein schneller Tod gewesen sein«, sagte Hagen dumpf, »entweder ertrunken oder in der Schwimmweste an Unterkühlung gestorben.«

Kapitän Stockfleth ruckte mit dem Kopf hoch. »Wir müssen

sie auf jeden Fall finden. Sie müssen ordnungsgemäß begraben werden. Die Familien brauchen einen Ort zum Trauern.«

Um sieben Uhr, als es heller zu werden begann, schickte die Seenotstaffel Kiel ein Flugboot nach Westen, um die Elbmündung großräumig abzusuchen, doch auch das brachte keinen Erfolg.

Um elf Uhr meldete der Kreuzer *Rickmer Bock* der Seenotrettungsstation Friedrichskoog, dass das Lotsenversetzboot gesichtet worden war, von den Männern fehlte jedoch weiterhin jede Spur.

Kapitän Stockfleth starrte seinen Wachoffizier eine Zeit lang wortlos an. »Ich habe einen schweren Gang vor mir, Franz. Ich muss den Familienangehörigen die Todesnachricht überbringen.«

»Soll ich mitkommen, Kapitän?«

»Nein, das mache ich alleine. Das gehört leider auch zu den Aufgaben eines Kapitäns.«

Viel Hoffnung konnte Kapitän Stockfleth den Angehörigen nicht machen. Die drei Männer wurden nie gefunden, wahrscheinlich trieben ihre Leichen mit der Strömung an Dänemark und Norwegen vorbei ins Polarmeer.

Bereits am Morgen des 6. Dezember 1961 versuchten die Bergungsschlepper *Danzig* und *Fairplay I,* die *Ondo* von der Sandbank herunterzuziehen, hatten jedoch keinen Erfolg. Sie warteten die Flut ab, wieder zogen und zerrten sie, inzwischen mit insgesamt fünf Schleppern, doch das Schiff bewegte sich nicht.

Kapitän Farquhar saß am Nachmittag mit seinen Offizieren und dem Bergungsinspektor im Salon der *Ondo.* Sie besprachen die Lage.

»Es wird schwierig«, sagte der Inspektor, »mit jeder Stunde sinkt das Schiff weiter in den Mahlsand ein.«

Als nächster meldete sich der Erste Ingenieur. »Die Stahlplatten halten den Druck nicht länger aus. In den hinteren Laderäumen steht das Wasser bereits vier Meter hoch.«

»Das Wasser ist kein Problem«, sagte der Inspektor, »das können wir mit unseren starken Pumpen niedrig halten. Aber das Schiff ist insgesamt zu schwer. Sie müssen Ihre Ladung in die See werfen, Captain.«

Kapitän Farquhar schreckte hoch. »Das ist nicht meine Ladung, sie gehört dem Empfänger. Ich bin nur der Treuhänder.«

»Aber bei einer Großen Havarie haben Sie das Recht, die Ladung zu opfern, um das Schiff zu retten.«

Kapitän Farquhar seufzte. »Ja, ich weiß.«

Während der Nacht und auch am folgenden Tag warf die Besatzung Teile der Kakao-Ladung in die See, erneut zogen die Schlepper an – und wieder erfolglos.

»Das reicht nicht«, rief der Bergungsinspektor von der Brücke der *Danzig* zur *Ondo* hinüber, »Ihre Leute müssen noch mehr Landung werfen.«

Kapitän Farquhar breitete resigniert die Arme aus. »Wir arbeiten schon in drei Schichten. Mehr geht nicht.«

»Ich bringe Arbeiter zu Ihnen an Bord. Damit können Sie wenigstens den Kakao retten, der noch nicht feucht geworden ist.«

Die *Danzig* legte ab. Sie kam nach ein paar Stunden mit neun Schauerleuten und mehreren Fischkuttern zurück. Hieve für Hieve wurde in die Kutter übergeben, wenn einer voll war, wurde der nächste herangezogen. Die Arbeit ging jetzt schneller voran, doch es war ein Kampf gegen die Zeit, denn die *Ondo* sackte tiefer und das Wasser im Maschinenraum stieg ständig.

Einen Tag später, am 9. Dezember, brachte die *Danzig* weitere Hafenarbeiter und zwei große Schuten zu dem Havaristen. Danach wurde ein weiterer Schleppversuch gemacht, diesmal mit acht Schleppern, doch wieder erfolglos. Erneut kam die *Danzig* längsseits, die Schiffsleitung und der Bergungsinspektor setzten sich im Kapitänssalon zusammen.

»Wie ist die Lage?«, fragte Kapitän Farquhar.

Der Inspektor lehnte sich auf der Couch zurück, sog an seiner Pfeife und nebelte sich ein. »Um ganz ehrlich zu sein,

Captain: Es sieht schlecht aus. Ihr Schiff können wir nicht mehr retten und den Rest der Ladung auch nicht, denn aus England kommt bereits das nächste Sturmtief. Ich empfehle dringend, das Schiff zu verlassen.«

Kapitän Farquhar saß zusammengesunken im Sessel. Er war unrasiert, hatte Ringe unter den Augen, seine Uniform war nicht mehr die frischeste. Doch mit einem Mal straffte er sich. »Nein, ich gebe noch nicht auf. Die Ladung ist fast so wertvoll wie das Schiff. Man erwartet von mir, dass ich die Ladung rette.«

»Dann lassen Sie wenigstens Ihre Leute von Bord gehen. Die sind völlig fertig, die können Ihnen nicht mehr helfen.«

»Wer gehen will, kann gehen. Ich werde mit Freiwilligen hierbleiben.«

Der Bergungsinspektor stand auf, er wirkte ärgerlich. »Wie Sie wünschen, Captain, es ist Ihr Schiff und Ihre Ladung. Es soll aber niemand sagen, ich hätte Sie nicht gewarnt.«

Am Abend des 9. Dezember nahm die *Danzig* die inzwischen voll beladenen Leichter auf den Haken und brachte sie sowie den größten Teil der Besatzung der *Ondo* und mehrere Hafenarbeiter nach Cuxhaven.

»Kommen Sie endlich zu uns an Bord, Kapitän Farquhar«, hatte der Bergungsinspektor kurz vor der Abfahrt noch einmal zum Frachter hochgerufen, »es ist zu gefährlich, hier länger liegen zu bleiben.«

»Nein, ich bleibe! Wenn der Sturm vorbei ist, wird weitergearbeitet.«

»Wie Sie meinen … Ich wüsste aber gerne, wie viele Leute noch an Bord sind, damit wir die richtige Zahl in die Todesanzeige schreiben.«

Kapitän Farquhar zählte auf: »Ich bleibe hier, dann mein Erster Offizier und der Erste Ingenieur, der Bootsmann, der Zimmermann, drei Matrosen und einige Schauerleute. Insgesamt zwölf Personen.«

»Na, dann wünsche ich Ihnen viel Glück.«

Zunächst sah es aus, als hätte Kapitän Farquhar Glück im Unglück. Der Sturm hatte seine Richtung geändert und am 10. Dezember konnten weitere Kakaosäcke und Teile der nautischen Instrumente nach Cuxhaven gebracht werden. Einen Tag später lösten 14 Schauerleute die bisherigen ab, doch dann zog die nächste Unwetterfront auf. Sie drückte Massen von Wasser in die Elbmündung, die Pegelstände stiegen, vor den Sandbänken stand eine schwere Brandung. Am Nachmittag des 11. Dezember 1961, eine Woche nach der Strandung, gab Kapitän Farquhar sein Schiff endgültig auf. Der Kapitän, sieben Besatzungsmitglieder und die 14 Hafenarbeiter wurden von der *Danzig* aufgenommen. Als alle auf den schwer in der See arbeitenden Schlepper übergestiegen waren, hatte der Schiffer noch eine letzte Frage an den Kapitän der *Ondo:* »Wir legen jetzt ab, Captain. Sind Sie sicher, dass alle Ihre Leute von Bord sind?«

»Ja, wir haben durchgezählt. Alle hier. Aber fünf von Ihren Männern sind noch auf der *Ondo.*«

Der Schiffer lächelte. »Die bleiben auch dort. Die sichern unsere Ansprüche auf den Bergelohn und halten die Strandräuber davon ab, hier alles rauszureißen, was nicht festgeschweißt ist.«

»Ihre Leute könnten aber auch sterben, Schiffer.«

»In unserem Geschäft kann man jeden Tag sterben.«

Zwar waren die Zeiten des Mittelalters vorbei, in denen die Berger das Schiff und die Ladung vollständig behalten durften, doch immer noch war der Bergelohn so attraktiv, dass es sich für Glücksritter lohnte, dieses hohe Risiko einzugehen. Deshalb blieben die Berger weiterhin auf der *Ondo,* brachten jene Kakaosäcke von Bord, die noch nicht nass geworden waren und wrackten Teile des Schiffes systematisch ab. Sie harrten auch noch auf dem Havaristen aus, als das Wetter schlechter wurde, denn es bestand die Gefahr, dass andere Raubritter das Schiff besetzten und Anspruch darauf erhoben. Doch als am 16. Februar 1962 der Orkan *Vincinette* über die Deutsche Bucht fegte und jene schwere Sturmflut auslöste, die Teile Hamburgs unter Wasser setzte, war auch die Zeit des Bergens auf der *Ondo* vorüber. Das Schiff bewegte sich plötzlich in dem ungewöhnlich hohen Wasserstand, es drehte sich quer zur See, kippte zur Seite und blieb mit über 50 Grad Schlagseite in einer schweren Brandung liegen, wobei die Steuerbordseite nun ständig unter Wasser lag. Da ein Auseinanderbrechen zu befürchten war, machte sich der Seenotrettungskreuzer *Ruhr-Stahl* im vollen Orkan bei Hagel- und Regenschauern auf den Weg, die fünf Männer von der *Ondo* abzubergen – allerdings ohne Erfolg. *»Ihre Lage war furchtbar«*, schrieb der Vormann des Rettungskreuzers in seinem Bericht, *»aber es gab keine Möglichkeit, sie zu retten.«*

Da der Aufenthalt in den Räumen der *Ondo* nicht mehr möglich war, kletterten die fünf Männer auf die steil aus dem Wasser ragende Brückennock, wo sie ungeschützt in Kälte und Regen zwei Tage aushalten mussten.

Nachdem sich der Sturm am 18. Februar etwas gelegt hatte, lief der Rettungskreuzer *Ruhr-Stahl* erneut aus. Er kämpfte sich durch die hohe Brandung, die auf dem Vogelsand stand, dann war er bei der *Ondo*.

»Hallo, wo seid ihr?«, rief Vormann Rolf Hoffmann zum Havaristen hinauf. »Nun zeigt euch doch endlich.«

Es dauerte etwas, doch dann war da eine krächzende Stimme in der Nock hoch über dem Rettungskreuzer. »Hier sind wir! Wir wollen runter von diesem Höllenschiff.«

»Von dort können wir euch nicht abholen. Ihr müsst auf die Back kommen.«

Das schien den Mann sprachlos zu machen. »Auf die Back? Bist du verrückt? Wir sind halb erfroren, meine Finger sind völlig gefühllos. Wie soll ich da nach vorne kommen?«

»Das geht schon, ihr müsst er nur wollen. Und beeilt euch, wir können hier nicht ewig liegen bleiben.«

Die vor Kälte halb erstarrten Männer krochen über die waagerecht liegenden Treppenabsätze, das war die leichteste

Übung. Doch unten konnten sie sich auf dem schrägen Deck kaum halten. Sie mussten sich an der Reling festklammern und mühsam Schritt für Schritt vorwärts tasten, ständig bedroht von der aufschäumenden See. Doch schließlich hatten sie die Back erreicht, keiner war verloren gegangen.

Das letzte Stück, das Überwechseln auf den Rettungs-kreuzer, war jedoch auch nicht ungefährlich. Der Kreuzer schwamm wie ein Korken auf dem Wasser, er wurde von den Wellen erst hochgehoben, dann wieder in die Tiefe gerissen, der Vormann hatte alle Mühe, dass sein Schiff nicht mit dem Havaristen kollidierte.

Der erste der fünf Männer – es war derjenige, der das Ge-spräch geführt hatte – kletterte über die Reling und mühte sich ab, auf der schwankenden Jacobsleiter einen festen Stand zu halten. Als der Rettungskreuzer auf einer Welle nach oben schoss, sprang der Mann, zwei Rettungsbootsleute fingen ihn auf. Nacheinander wurden nun auch die anderen Schiffbrüchigen abgeborgen, die *Ruhr-Stahl* brachte sie nach Cuxhaven.[11]

Capitano Speranza irrt sich

Elbmündung bei Cuxhaven, 20. Februar 1962, morgens

Der Bootsmann Leandro Conti lehnte an der Reling und blickte missmutig übers Meer. Dunkel war es, kein anderes Schiff weit und breit zu sehen, obwohl sie doch schon in der Nähe der Elbmündung sein mussten. Er zog die Jacke vor der Brust zusammen. Warum nur war die Ladung für Hamburg bestimmt, diese kalte Gegend, kurz vor dem Nordpol? Hätten sie das Aluminiumerz nicht nach Cadiz bringen können? Oder besser noch nach Livorno. Dann wäre er in einer halben Stunde zu Hause.

Als sich jemand neben ihn stellte, blickte Leandro hoch. Sieh einer an, der Assistente di macchina, was machte der denn um sechs Uhr morgens an Deck? Sein Platz ist doch unten im Keller, an der Maschine.

Bootsmann Conti hegte keinen persönlichen Groll gegen Nino Moretti, den Assistenten, er fühlte nur ganz allgemein eine Abneigung gegen diese Motorenmenschen. Vor einem Jahrhundert hatten die Dampfschiffsmaschinisten die Segelschiffsseeleute entmannt, ihnen die vornehmste Aufgabe, die Fortbewegung des Schiffes, genommen und dieser Ärger wurde von Generation zu Generation weitergegeben, also auch an ihn.

»Keine Wache?«, brummte Conti.

»Nein, keine Wache. Ich bin für Reparaturarbeiten eingeteilt. Muss Werkzeuge und Flaschenzüge bereitlegen. Wenn wir in Hamburg sind, wird ein Kolben an der Hauptmaschine gezogen.«

»Das habt ihr doch schon im letzten Hafen gemacht. Und im vorletzten auch.«

Der Assistent zeigte zum Schornstein, aus dem es reichlich qualmte. »Die Kolbenringe sind nicht mehr dicht. Da läuft ständig Maschinenöl in den Zylinder. Deshalb rußt die Anlage so stark. Eigentlich müsste man diesen alten Frachter verschrotten, der ist nichts mehr wert.«

»Ihr macht mich fertig mit eurer Maschine«, schimpfte der Bootsmann los, »überall klebt Ruß an der weißen Farbe.«

Der Assistent lachte gehässig. »Weiße Farbe? Meinst du das Grau zwischen den Roststreifen? Bevor ihr neu streicht, solltet ihr erst einmal mit Rostkratzer und Hammer an die Arbeit gehen.«

Der Bootsmann schreckte zurück, als hätte jemand die Faust gegen ihn erhoben. »Rostkratzer? Hammer? Bist du verrückt? Wer hier mit einem Hammer über Deck geht, wird fristlos entlassen. Man braucht einmal kräftig zuzuschlagen und schon haben wir ein Loch im Deck. Dieser Kasten wird doch nur noch durch Rost zusammengehalten.«

Die beiden schauten in die Dämmerung, der Bootsmann suchte den Horizont ab.

»Ich habe gehört«, sagte der Assistent, »dass die Reederei das Schiff loswerden will. Vielleicht findet sie einen Käufer.«

»Quatsch, so ein Wrack nimmt doch keiner. Früher hatte man das Problem anders gelöst. Man hat Schiff und Ladung hoch versichert und dann den Kahn irgendwo auf die Felsen gesetzt. Das war ein gutes Geschäft.«

Der Assistent bekreuzigte sich hektisch. »Madonna mia! Bist du des Teufels? Ich stehe unten im Keller, wenn die Felsen neben mir hochwachsen.«

»Hier an der Küste gibt es keine Felsen, nur Sand. Außerdem weiß ich nicht, wie hoch die *Fides* versichert ist.«

»Das beruhigt mich jetzt aber nicht wirklich.«

Als der Assistent Richtung Maschinenraum ging, rief Bootsmann Conti hinter ihm her: »Kannst du schwimmen, Nino?«

Es erfüllte ihn mit Genugtuung, dass sich der Assistent ruckartig aufrichtete und mit geradem Rücken und steifen Beinen weiterging.

Auf der Brücke, nicht weit von Bootsmann Conti entfernt, starrte Capitano Speranza in die Seekarte.

»Signor Galli, kommen Sie doch mal her. Ich kann nicht erkennen, wo genau wir sind.«

Der Zweite Offizier kam aus der Nock ins Brückenhaus, wo er nach den Leuchtfeuern Ausschau gehalten hatte. Er blickte in die Karte, dann nach draußen – und wieder in die Karte.

»Ich weiß es auch nicht, Capitano. Die Kennung des Feuers dort vorne stimmt nicht mit der Karte überein.« Er zeigte nach Steuerbord. »Doch aus dieser Bucht kommen Schiffe heraus. Ob das die Einfahrt zur Elbe ist?«

»Ich denke eher, es ist die Weser.«

Inzwischen war es zwar heller, aber auch diesiger geworden. Die *Fides* tastete sich in die Bucht hinein, geleitet von einem starken Licht.

»Das Leuchtfeuer steht sicherlich auf einer Landzunge«, sagte der Kapitän, »wir sollten es mit einem guten Abstand an Steuerbord lassen.«

Der Zweite Offizier blickte zweifelnd. »Es könnte auch ein Leuchtschiff sein.«

Für einen kurzen Moment lichteten sich die Nebelschwaden und gaben die Sicht auf das Feuer frei. Es gehörte tatsächlich zu einem rot angestrichenen Leuchtschiff, an der Seite stand in weißer Schrift ein Name, der aber der großen Entfernung wegen nicht zu lesen war.

Wieder blickte Kapitän Speranza in die Karte. »Deutsche Bucht! Deutsche Bucht! Ein riesiges Seegebiet. Warum haben die uns in Halifax keine genauere Karte geliefert?«

»Wir sollten einen Lotsen nehmen, Capitano.«

»Wenn ich wüsste, wo hier eine Lotsenstation ist.«

Der Kapitän nahm das Glas, stellte sich in die Nock und suchte die Umgebung ab. »Dort, an Backbord, ist ein Ankerlieger. Wir werden zwischen dem Feuerschiff und diesem Schiff hindurchfahren, das scheint mir die Fahrrinne zu sein.«

Der Zweite Offizier blickte misstrauisch. »Na, ich weiß nicht. Es ist hier zu wenig Verkehr für eine Fahrrinne. Eigentlich überhaupt kein Verkehr. Dabei soll Hamburg doch ein so großer Hafen sein.«

Kapitän Speranza zuckte mit den Schultern. »Wer kennt sich schon aus mit den *tedeschi*.«

Inzwischen waren sie so nahegekommen, dass sie trotz der Nebelschwaden die Schrift auf dem Feuerschiff erkennen konnten: *Elbe II.*

Speranza blickte stolz. »Geniale Navigation! Die Einfahrt ohne richtige Karte gefunden. Das soll mir mal einer nachmachen.«

Die Zufriedenheit mochte der Zweite Offizier nur bedingt teilen. Er starrte auf den Ankerlieger, der inzwischen fast querab lag, dann gab er einen Schreckenslaut von sich: »Capitano! Das ist kein Ankerlieger. Das ist ein Wrack! Das liegt auf einer Sandbank.«

In diesem Augenblick leuchtete auf dem Feuerschiff ein starker Scheinwerfer auf, der ein Staccato von kurzen und langen Lichtblitzen abfeuerte.

Der Kapitän blickte verwirrt. »Der morst uns an, Signor Galli. Können Sie verstehen, was er will? Mir ist das zu schnell.«

Rafael Galli bemühte sich, es zu verstehen, doch es ging nicht gut, dafür war er zu aufgeregt, und außerdem war es englisch.

»Irgendwas mit *danger* und *sand,* wenn ich es richtig verstehe.«

»Was sollen wir jetzt machen?«

»Ich würde näher an das Leuchtschiff herangehen, Capitano. Dort, wo es liegt, ist sicherlich tiefes Wasser.«

Kapitän Speranza gab dem Matrosen am Ruderrad den Befehl ›Hart Steuerbord‹.

Der Matrose drehte am Rad, die Maschine arbeitete ungewöhnlich schwer, doch das Schiff behielt seinen Kurs bei.

Der Kapitän wurde nervös, weil das Feuerschiff nicht aufhörte zu morsen und nun auch Signale mit dem Typhon abgab.

»Hart Steuerbord‹ habe ich gesagt. Sitzen Sie auf den Ohren?«

Der Rudergänger zerrte panisch am Rad. »Das Ruder liegt ›Hart Steuerbord‹, Capitano. Das Schiff reagiert nicht mehr.«

Kapitän Ehlers döste auf der Brücke des Hochseeschleppers *Hermes*. Aus dem Funkraum drang gedämpft der Sprechfunk über UKW, was ihn nicht störte, doch das Schiff rumste in regelmäßigen Abständen gegen die Pier, hier im Hafen von Cuxhaven, das war lästig. Als die Schiffsuhr auf der Brücke schlug, raffte sich Ehlers auf, drehte den Sprechfunk leiser und stellte am Radioempfänger die Nachrichten ein. Die Sturmflut der letzten Tage an der Elbe und der Weser war zwar zurückgegangen, doch immer noch kamen Katastrophenmeldungen aus Hamburg und die Zahl der Toten stieg ständig.

Ehlers schüttelte verständnislos den Kopf. »Du meine Güte, über dreihundert Ertrunkene, wie kann das nur angehen.«

Er drehte den Sprechfunk wieder lauter, dann legte er sich auf die Couch. Eine bleierne Müdigkeit überfiel ihn, was kein Wunder war, nach dieser hektischen Zeit. Sie waren auf der Elbe zwei Tage im Einsatz gewesen, nahezu ohne Schlaf. Unentwegt hatten sie Sandsäcke zu den Deichbrüchen transportiert, wo bereits das Technische Hilfswerk und die Bundeswehr auf sie warteten. Dann, als die Flut zurückgegangen war, wurde an der Weser um Hilfe gerufen. Das aus der Deutschen Bucht herausströmende Wasser hatte einen so ungewöhnlichen Tiefstand erreicht, dass die in Blexen an der Pier liegenden Schiffe auf dem abschüssigen Bett der Weser aufsaßen. Die Leinen rissen, die Schiffe rutschten zur Flussmitte und drohten, die Weser zu blockieren. Deshalb hatten sie mit dem Schlepper stundenlang gegen die Bordwand eines großen Erzfrachters gedrückt, um ihn in seiner Lage so lange zu stabilisieren, bis die Flut wieder einsetzte und das Schiff an die Pier zurückgeholt werden konnte.

Eigentlich hatten er und seine Mannschaft jetzt eine Ruhepause verdient, und es sah auch ganz danach aus, doch plötzlich rauschte und knackte es im Sprechfunk, dann war die klare

Stimme des Vormanns Hoffmann vom Rettungskreuzer *Ruhr-Stahl* zu hören:»Hallo *Hermes*, es kam gerade eine Meldung von *Elbe II*. Da sitzt ein Schiff auf dem Großen Vogel. Es ist die *Fides*, ein italienischer Frachter. Wir fahren rüber. Erbitte Schlepperunterstützung.«

Innerhalb einer Sekunde war Kapitän Ehlers auf den Beinen, die Müdigkeit wie weggeblasen. Schiff auf Vogelsand bedeutete, dass da gutes Geld zu verdienen war, vielleicht winkte sogar Bergelohn, auf jeden Fall Hilfslohn für die Schlepperassistenz. Kapitän Ehlers drückte die Alarmklingel für die Besatzung, gleichzeitig griff er zum Mikrofon.

»*Hermes* an *Ruhr-Stahl*. Ich hab dich gehört, Rolf. Wir kommen!«

Der Seenotrettungskreuzer lag bereits in der Nähe des großen Frachters auf Warteposition, der auf der Sandbank inmitten einer heftigen Brandung festgekommen war. Die *Hermes* tastete sich vorsichtig an den Havaristen heran, Kapitän Ehlers behielt ständig das Echolot im Auge, um die Wassertiefe zu kontrollieren. Man wollte ja nicht das gleiche Schicksal erleiden und stranden. Endlich hatten sie den Frachter auf Rufweite, näher ging es nicht.

»Die *Ruhr-Stahl* bringt Ihnen eine Schlepptrosse rüber!«, rief Ehlers über das Megafon, »damit ziehen wir Sie runter.«

Der Kapitän der *Fides* blickte über die Reling des Brückendecks. Er schüttelte den Kopf. »Wir schaffen es alleine. Wir warten die Flut ab.«

»Wir haben Flut, Mann! Wenn Sie zu lange warten, kommen Sie hier nie mehr herunter.«

Der italienische Kapitän winkte ab, dann ging er ins Ruderhaus.

»Hallo *Hermes*, wir bleiben hier vor Ort«, meldete sich Vormann Hoffmann über UKW. »Das nächste Sturmtief ist im Anzug. Sicherlich brauchen die uns bald.«

»Hab auch den Wetterbericht gehört, Rolf. Von alleine

komm der Frachter ohnehin nicht mehr runter. Der Vogelsand gibt keinen her.«

Die beiden Schiffe legten sich außerhalb der Brandungszone vor Anker, Kapitän Ehlers schickte seine Leute in die Kojen, nur er und der Schiffsjunge blieben wach. Sie blickten aus dem Brückenfenster auf den Havaristen, der dunkle Rauchwolken ausstieß und dessen Schraube Sand und Modder an die Wasseroberfläche quirlte.

»Ziemlich alter Kasten«, sagte der Junge, »der kommt wohl noch aus dem letzten Jahrhundert.«

Ehlers zündete sich eine Zigarette an, dann lehnte er sich zurück. »Falsch geraten, das ist ein Liberty-Schiff. Von diesem Typ haben die Amerikaner im letzten Krieg über 2.000 Stück gebaut. Das war die Wunderwaffe gegen die U-Boot-Angriffe. Die Amis haben die Schiffe schneller zusammengeschweißt, als die deutschen U-Boote sie versenken konnten.«

»Aber der Krieg ist vorbei und diese Schrotthalde fährt immer noch.«

»Ja, erstaunlich! Eigentlich brauchten sie nur so lange zu halten, bis die Soldaten und das Kriegsgerät nach Europa gebracht worden war. Aber der hier ist sicherlich schon seit 20 Jahren unterwegs.«

»Unglaublich, dass Schiffe vor 20 Jahren so altertümlich aussahen.«

»Ach nee, damals gab es schon modernere Schiffe. Aber die Amerikaner hatten einfach die Pläne eines älteren, bewährten Frachters genommen und dann tausendmal den immer gleichen Schiffstyp gebaut. Und schnell waren die: Die brauchten höchstens einen Monat für ein Schiff, das letzte wurde in nur fünf Tagen zusammengeschweißt.«

Der Junge war sichtlich beeindruckt. »Unglaublich, dass man so etwas schafft.«

»Ja, die Amis können das. Wenn die sich was in den Kopf gesetzt haben, ziehen sie das durch.«

Kapitän Ehlers konzentrierte sich jetzt wieder auf die *Fides.* Immer noch arbeitete die Maschine mit hoher Kraft, doch das Schiff bewegte sich keinen Zentimeter. Ehlers ließ den Anker hieven, dann tastete er sich an den Havaristen heran. Als sich der italienische Kapitän auf dem Brückendeck über die Bordwand beugte, um den Fortgang des Befreiungsversuchs zu kontrollieren, griff Kurt Ehlers wieder zum Megafon.

»Hallo *Fides*! Von alleine kommen Sie hier nicht mehr runter. Wir können einen Kontrakt über eine Bergung aufsetzen. Oder über den Hilfslohn. Danach werden wir Sie von der Sandbank holen. Wenn es nicht anders geht, auch mit mehreren Schleppern.«

Der Kapitän blickte abweisend. »Wir werden es weiter alleine versuchen. Noch hat die Flut nicht den Scheitelpunkt erreicht.«

Ehlers blickte ungläubig nach oben zur Brücke. »Ich glaube, Sie haben mich nicht richtig verstanden. Sie sitzen hier im Mahlsand fest. You are in a quicksand, you understand? Sie sinken immer tiefer.«

Das machte den italienischen Kapitän dann doch nachdenklich. Er besprach sich kurz mit seinen Offizieren, dann beugte er sich wieder zu dem Schlepper hinunter. »Ich werde noch keinen Kontrakt unterschreiben. Erst muss ich die Reederei um Genehmigung fragen.«

»Dann sollte sich Ihr Funker beeilen. Und die Reederei auch. Jede Minute zählt!«

Kapitän Ehlers drehte ab und legte seinen Schlepper im tieferen Wasser auf Position, weil es ihm wegen der zunehmenden Windstärke zu gefährlich auf dem Vogelsand geworden war.

In den nächsten Stunden ereignete sich nicht viel. Der Kapitän ließ sich nicht mehr blicken, doch die Decksoffiziere und ein paar Leute von der Mannschaft versammelten mit sorgenvollen Gesichtern an Deck, blickten an der Schiffswand hinunter ins Wasser, dann wieder zu den Aufbauten hinauf.

Inzwischen hatte der Wind weiter zugelegt. Es war zwar

noch kein ausgewachsener Sturm, doch die Brandung stieg häufiger als zuvor an der Bordwand der *Fides* hoch und überschüttete sie mit Gischt.

Noch immer keine Antwort der Reederei in Livorno!

»Warum antworten die nicht?«, fluchte Ehlers, »es kann doch nicht so schwer sein, ›Si‹ oder ›No‹ zu sagen.«

Am Nachmittag, neun Stunden nach der Strandung, versammelten sich wieder Offiziere und Besatzungsmitglieder auf dem Hauptdeck des Havaristen. Sie starrten auf den Boden zu ihren Füßen, dann auf die Reling und zu den Aufbauten hoch.

Kapitän Ehlers griff zum Funkgerät. »Rolf, was ist da los? Was machen die vielen Leute dort an Deck?«

Vormann Hoffmann, der mit dem Rettungskreuzer in der Nähe der *Fides* geblieben war, meldete sich sofort. »Die haben Probleme. Ich kann sehen, dass das Achterschiff immer mehr durchhängt. Und es kracht und knallt im Schiffsinneren so laut, dass ich es bis hierher hören kann.«

Nicht lange danach signalisierte die *Fides* der *Ruhr-Stahl,* dass die Besatzung abgeholt werden möchte. Vormann Hoffmann rauschte heran, um die 30 Besatzungsmitglieder und den Kapitän abzubergen, was wegen der rauen See ganze 40 Minuten dauerte. Zwischendurch musste die Rettungsaktion allerdings kurz unterbrochen werden.

»Zieht die Schwimmwesten aus und rückt näher zusammen«, rief Vormann Hoffmann nach unten in den Aufenthaltsraum, »sonst bekommen wir nicht alle an Bord.«

Die Männer taten wie befohlen, nur der Maschinenassistent behielt seine Weste an.

Leonardo Conti knuffte den jungen Mann in die Seite. »Hast du nicht gehört? Schwimmweste ausziehen!«

Der Maschinenassistent schlang die Arme um die Weste, er blickte den Bootsmann mit erschreckten Augen an. »Die zieh ich erst aus, wenn wir an Land sind. Ich kann nämlich nicht schwimmen.«

Das konnte Leonardo Conti verstehen. Er legte dem Assistente di macchina den Arm um die Schultern. »Keine Angst, Kleiner. Wenn es sein muss, rette ich sogar Maschinenmenschen.«

Zum Schluss der Rettungsaktion wurde es richtig gefährlich, denn mit einem Mal krachte es nicht nur im Schiffsinneren der *Fides*, sondern auch an Deck. Eisensplitter und Roststücke prasselten auf den Seenotrettungskreuzer herab, gefolgt von Holzteilen. Kaum hatte der letzte Mann das Schiff verlassen, gab es ein Geräusch, von dem der Erste Maschinist Luis Garcia später sagte: »Es hörte sich an, als ob man einen riesigen Korbsessel zerbräche.«

Kapitän Ehlers auf dem Bergungsschlepper mochte seinen Augen nicht trauen: Die *Fides* war Vorkante der Aufbauten in zwei Teile zerbrochen. Regelrecht durchgebrochen! Ehlers konnte seine Enttäuschung nicht verbergen. »Wieder ein Einsatz ohne Gewinn«, schimpfte er lauthals auf der Brücke, »und nur, weil die Reederei nicht antworten wollte oder konnte. Wenigstens haben wir keine Schleppleine verloren, auch ein Erfolg.«

»Was machen wir jetzt?«, fragte der Junge am Ruder.

»Wir legen uns in Cuxhaven auf Warteposition. Irgendwann strandet hier wieder einer, es ist nur eine Frage der Zeit.«

Kleinere Schiffe verschwinden im Großen Vogelsand relativ schnell, die *Ondo* und die *Fides* waren jedoch so groß, dass sich die Sandbank fast daran verschluckte. In den nächsten Jahrzehnten waren die beiden Schiffe eine Attraktion für die Touristen, die auf dem Weg nach Helgoland den Großen Vogelsand passierten. »Hunderte von Ausflügler«, schrieb das Hamburger Abendblatt am 26. Juni 1962, »drängen sich an der Reling schneeweißer Seebäderschiffe, sobald die Wracks in Sicht kommen. Unzählige Kameras werden gezückt. Hier und da schraubt man Teleobjektive ein, um das Deck der Ondo möglichst zum Greifen nahe heranzuholen. Daheim gehen dann die Bilder von

Hand zu Hand, und staunend betrachtet man die Trümmer vor Hamburgs Haustür.«

Die Zeitung, die sich um den guten Ruf Hamburgs sorgte, forderte die Stadt auf, dieses ›gespenstische Empfangskomitee‹ zu sprengen, doch die Politik legte sich Zurückhaltung auf. Gegen eine Beseitigung habe man nichts, ließ der Senat verlauten, jedoch nicht auf Kosten der Allgemeinheit. Auch die Wasser- und Schifffahrtsdirektion Hamburg zeigte sich ablehnend. *»Man darf das nicht dramatisieren«,* erklärte Regierungsbaudirektor Deichsel, *»die Einfahrt in die Elbe ist gut.«*

Und so blieben die beiden Schiffe zur Freude der Touristen weiterhin auf dem Großen Vogelsand liegen, bis sie schließlich nach fast 50 Jahren von der See zerschlagen und auch bei Ebbe nicht mehr zu sehen waren. [12]

GLOSSAR

Back: vorne gelegener Teil des Decks auf einem Schiff

back brassen: Segel in den Wind drehen, um das Schiff zu stoppen

Bestmann: erfahrener Matrose, der auf kleinen Fahrzeugen die Funktion eines Steuermanns ohne Patent übernimmt

Bilge: die ›Kloake‹ unten im Schiff, in der sich alles Flüssige sammelt

Bünn: Kasten im Fischkutter zum Aufbewahren des Fangs, häufig mit Löchern an der Schiffswand zum Wasseraustausch versehen

Decksmann: seemännischer Arbeiter bzw. Lehrling an Bord

Ewer: kleines, ein- oder zweimastiges Schiff, häufig ein Fischkutter

fieren: ein Tau/Stahlseil lösen

Glas: die in der Seefahrt übliche Abkürzung für das Fernglas

hieven: ein Tau/Stahlseil einholen

Kimm: die Stelle am Schiff, an welcher der Schiffsboden in die Schiffseite übergeht.

Klüse: Öffnung in der Reling für Taue bzw. die Ankerkette

Kümo gebräuchliche Abkürzung für Küstenmotorschiff

Leeseite: die dem Wind abgewandte Seite des Schiffes

lenzen: leeren der Bilge oder eines Tanks

Nock: offene Schiffsseiten auf dem Brückendeck, rechts und links des Ruderhauses gelegen

Seeamt:	Körperschaft des öffentlichen Rechts, zuständig für die Untersuchung von Schiffsunfällen. Das S. ist kein Gericht, es kann keine Geld- oder Freiheitsstrafen aussprechen, jedoch die Gewerbebefugnis (das Patent) einziehen, was einem Berufsverbot gleichkommt. Seit 2002 werden Seeunfälle von der Bundesstelle für Seeunfalluntersuchung durchgeführt.
slippen:	ein Tau/Stahlseil loswerfen
Steven:	Verlängerung des vorderen Teils des Kiels nach oben
Reede:	besonders ausgewiesener Ankerplatz
Schott:	Querwand im Schiff
Konossement:	Ladungspapier
Typhon:	Gerät zum Erzeugen starker Schallsignale

Quellenangaben

1 Reichsamt des Inneren, *Entscheidungen des Ober-Seeamts und der Seeämter des Deutschen Reichs,* Band 22, 1925, S. 198ff

2 Das Seeamt ist eine Körperschaft öffentlichen Rechts und damit beauftragt, Schiffsunfälle zu untersuchen, deren Hergang zu rekonstruieren und Fehler in der Navigation sowie Mängel im Schiffsbetrieb, in der Personalführung, in der Ausrüstung oder der Verpflegung des Schiffes festzustellen. Da das Seeamt kein Gericht ist, kann es weder Freiheits- noch Geldstrafen verhängen. Allerdings ist es befugt, dem Kapitän, einem Decksoffizier oder einem Maschinisten wegen mangelnder fachlicher oder persönlicher Eignung die Gewerbebefugnis – das Patent – zu entziehen, was einem Berufsverbot gleichkommt.

3 Bundesverkehrsministerium, *Entscheidungen des Oberseeamtes und der Seeämter der Bundesrepublik Deutschland,* 1978, S. 303-313

4 Reichsverkehrsministerium, *Entscheidungen des Reichsoberseeamts und der Seeämter des Deutschen Reichs,* 22. Band, Berlin 1925, S. 166-169

5 Reichsverkehrsministerium, *Entscheidungen des Reichsoberseeamts und der Seeämter des Deutschen Reichs,* 24. Band, Berlin 1930, S. 597-605

6 Bundesminister für Verkehr, *Entscheidungen des Bundesoberseeamtes und der Seeämter der Bundesrepublik Deutschland,* 1/1976, S. 41-60

7 Herbert Karting, *Polstjernan. Ein glückloser Viermastschoner aus Finnland,* in: *Das Logbuch,* Köln 2006

8 Bundesminister für Verkehr, *Entscheidungen des Oberseeamtes und der Seeämter der Bundesrepublik Deutschland,* Bd. 7/1976, S. 50ff

9 Bundesminister für Verkehr, *Entscheidungen des Bundesobersee-*
amtes und der Seeämter der Bundesrepublik Deutschland, 6/78, S.
209-214

10 Reichsamt des Inneren, *Entscheidungen der Seeämter und des*
Oberseeamts des deutschen Reichs, Bd. 3, Hamburg 1883, S. 521-529

11 Bundesminister für Verkehr, *Entscheidungen des Bundesobersee-*
amtes und der Seeämter der Bundesrepublik Deutschland, 1962, S.
322-340; Deutsche Gesellschaft zur Rettung Schiffbrüchiger,
Jahrbuch 1962, S. 55-58; Tim Schwabedissen, *Gestrandet. Schiffs-*
unglücke vor der Nordseeküste, Hamburg 2004

12 Über die Strandung der *Fides* gab es keine Seeamtsverhandlung,
weil sie kein deutsches Schiff war und es keinen Personenschaden
gab. Hierzu: Deutsche Gesellschaft zur Rettung Schiffbrüchiger,
Jahrbuch 1962, S. 55-58; Tim Schwabedissen, *Gestrandet. Schiffs-*
unglücke vor der Nordseeküste, Hamburg 2004; Hamburger
Abendblatt vom 26. Juni 1962

Die hier genannten Begriffe sind in der zur damaligen Zeit gülti-
gen Schreibweise und Grammatik aufgeführt, wir haben sie nicht
der aktuellen Rechtschreibung angepasst.

Bibliografische Information der Deutschen Nationalbibliothek
Die Deutsche Nationalbibliothek verzeichnet diese Publikation
in der Deutschen Nationalbibliografie; detaillierte bibliografische
Daten sind im Internet unter www.dnb.de abrufbar.
DAS WRACK AM FALKENSTEINER UFER – Von Hamburg bis Cuxhaven:
Schiffsunfälle auf der Elbe
edition karo – Literaturverlag Josefine Rosalski

Erste Auflage 2019
© edition karo
Literaturverlag Josefine Rosalski, Berlin
www.edition-karo.de, alle Rechte vorbehalten.

Einbandgestaltung unter Verwendung des Werkes
Ship Wreck, © Madra, Fotolia.com
Foto vordere Klappe: *Uwe* und *Polstjernan*, © Jürgen Rath
Plangestaltung: © Klaus B. Baring, Hamburg
Porträtfoto Autor: © Fotostudio Liebenow, Hamburg
Satz/Layout: Im Verlag, gesetzt aus der Bembo und der Gill Sans
Druck und Verarbeitung: SDL Buchdruck Berlin
Gedruckt in Deutschland
978-3-945961-12-4